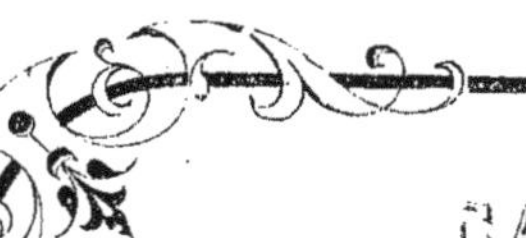

CATALOGUE

D'UNE BELLE COLLECTION

D'ESTAMPES

Provenant de M. H... T...

ELLE SE COMPOSE DE :

PIÈCES DE DIVERSES ÉCOLES

PLANS ET VUES DE PARIS

PIÈCES HISTORIQUES, MŒURS ET CARICATURES

PORTRAITS, DESSINS

LA VENTE AURA LIEU

HOTEL DES COMMISSAIRES-PRISEURS

RUE DROUOT, N° 5

SALLE N° 3, AU PREMIER ÉTAGE

Les Lundi 19, Mardi 20 & Mercredi 21 Janvier 1863, à 1 heure

Par le ministère de M° **DELBERGUE-CORMONT**, C^re-Priseur,
rue de Provence, 8,

Assisté de M. **ROCHOUX**, Marchand d'Estampes,
quai de l'Horloge, 19,

CHEZ LESQUELS SE DISTRIBUE CE CATALOGUE.

EXPOSITION PUBLIQUE

Le DIMANCHE 18 Janvier 1863, de une heure à quatre heures.

PARIS

RENOU ET MAULDE

Imprimeurs de la Compagnie des Commissaires-Priseurs

RUE DE RIVOLI, 144

1862

CATALOGUE

D'UNE BELLE COLLECTION

D'ESTAMPES

Provenant de M. H... T...

ELLE SE COMPOSE DE :

PIÈCES DE DIVERSES ÉCOLES

PLANS ET VUES DE PARIS

PIÈCES HISTORIQUES, MŒURS ET CARICATURES

PORTRAITS, DESSINS

LA VENTE AURA LIEU

HOTEL DES COMMISSAIRES-PRISEURS

RUE DROUOT, N° 5

SALLE N° 3, AU PREMIER ÉTAGE

Les Lundi 19, Mardi 20 & Mercredi 21 Janvier 1863, à 1 heure

Par le ministère de Me **DELBERGUE-CORMONT**, C^{re}-Priseur,
rue de Provence, 8,

Assisté de M. **ROCHOUX**, Marchand d'Estampes,
quai de l'Horloge, 19,

CHEZ LESQUELS SE DISTRIBUE CE CATALOGUE.

EXPOSITION PUBLIQUE

Le DIMANCHE 18 Janvier 1863, de une heure à quatre heures.

—

1862

CONDITIONS DE LA VENTE

Elle sera faite au comptant.

Les Acquéreurs paieront, en sus des adjudications, CINQ pour CENT applicables aux frais de la vente.

ORDRE DES VACATIONS

PREMIÈRE VACATION. — *Lundi 19 Janvier :*

Portraits	Nos	400	à	460
Pièces de diverses Écoles		1	à	105
Pièces historiques, Mœurs, etc		353	à	399

DEUXIÈME VACATION. — *Mardi 20 Janvier :*

Portraits	Nos	461	à	546
Pièces de diverses Écoles		106	à	182
Plans et Vues de Paris, etc		314	à	352

TROISIÈME VACATION. — *Mercredi 21 Janvier :*

Pièces de diverses Écoles	Nos	183	à	313
Dessins		547	à	570
Numéro de division		571		

DÉSIGNATION

PIÈCES DE DIVERSES ÉCOLES

1 **Anonyme** italien, 1550. C. Jules César. Buste sur un piédestal. Très-belle épreuve.

2 — XVIIe siècle. Le Déluge. Belle composition à l'eau-forte.

3 — français. Modes de 1730. Cartouche époque Louis XV. Au milieu, jeune femme debout en beau costume. In-4 en largeur.

4 — La Robe retroussée, la Lévite matinale. 2 jolis petits costumes de femmes sous Louis XVI.

5 **Aubri** (d'après). L'Heureuse nouvelle. Jolie pièce gravée par Simonet. Très-belle épreuve avant la lettre, grandes marges.

6 — La même. Très-belle épreuve avec la lettre.

7 **Aveline** (P.). Les cinq Sens. Jolies compositions. 5 pièces.

8 **Bailliu** (P. de). Jésus fouetté de verges, d'après Diepenbecke. Pièce en hauteur, in-fol. Très-belle épreuve, avec l'adresse de Martin Vanden Eden.

9 **Bartolozzi.** Jeune femme tenant une affiche du théâtre de Drury-Lane, sur laquelle est annoncée : ISABELLA. D'après Beuwel. Jolie pièce. Très-belle épreuve.

10 — Junon, d'après Cipriani. Jeune fille tenant un écrin; d'après A Kauffmann. 2 pièces avant la lettre.

11 **Baudouin** (d'après). Le Coucher de la mariée, l'une des plus charmantes compositions des maîtres du XVIIIe siècle, gravée par Moreau jeune. Épreuve de la plus grande beauté avant toute lettre. *Extrêmement rare à trouver en cet état de fraîcheur.* Grandes marges.

12 — Le Modèle honnête. *Très-rare* épreuve avant la lettre. On lit sous le trait carré, à droite, tracé à la pointe : *J. Moreau le jeune. S. 1770.*

13 — La même pièce, avec ce seul titre : *le Modèle honnête.* Avant la dédicace. Sous le trait carré, à droite, on lit : Gravé par J.-B. Simonet. Rare et très-belle épreuve, avec grandes marges.

14 — Le Danger du tête-à-tête. Gravé par Simonet. Charmante pièce. Superbe épreuve avant toute lettre, grandes marges. *Rare en cet état.*

15 — La Soirée des Tuileries. Gravé par Simonet. Superbe et très-rare épreuve avant toute lettre.

16 — Rose et Colas. Gravé par Simonet. Superbe épreuve avant toute lettre.

17 — La même pièce. Très-belle épreuve avec la lettre. Grandes marges.

18 — Le Curieux. Gravé par Maleuvre. Très-belle épreuve avant la lettre et avant la bordure.

— La même, avec la lettre. Très-belle épreuve.

19 — Le Soir. Gravé par de Ghendt. Jolie pièce. Très-belle épreuve.

20 **Biondi** (Carlo). La Fortune, d'après le Guide.

21 **Bischop** (Chrétien). Trois vaches dans une prairie. On voit à droite un homme portant un seau. Jolie eau-forte. Très-belle épreuve avant le ciel et avant la lettre. *Rare*.

22 **Boilly** (d'après). Jeune servante assise dans une cuisine. Très-belle épreuve avant la lettre.

23 **Bois, 1545**. Titre des ouvrages de Luther. On voit au bas le Christ en croix et, agenouillés de chaque côté, Luther à droite et l'Électeur de Saxe à gauche. In-fol. en hauteur.

24 **Boitar**, *inv*. Assemblée de vieilles filles.

25 **Bolswert** (Adam). Tripot. Une table est dressée sous un arbre. Plusieurs personnages l'entourent et jouent aux cartes. Un homme de condition est assis en face d'un paysan et lui tient la main. Un joueur de violon est adossé contre l'arbre. Belle composition, d'après Vinckboons. Épreuve magnifique.

26 **Bolswert** (S.-A.). Le Christ en croix entre les deux larrons, d'après Rubens. Grande et belle pièce en hauteur. Très-belle épreuve avec l'adresse de Gillis Hendriex.

27 — Deux groupes d'amants, d'après Vanden Laemen. Epreuve de la plus grande beauté. *Rare*. La marge du bas où se trouvent les noms des artistes est coupée.

28 — La Salutation angélique, d'après G. Seghers. Très belle épreuve.

29 **Bonnet**. Buste de jeune femme vue de profil, avec des roses dans les cheveux. Jolie pièce aux trois crayons, d'après Boucher.

30 **Borel** (d'après). Le Retour à la vertu. Gravé par Jubier. Charmante pièce d'intérieur, et ameublement époque Louis XVI, imprimée en couleur. Épreuve avant la lettre. *Très-rare en cet état.*

C'est sur cette épreuve avant la lettre que nous voyons pour la première fois les noms des artistes. Sur les épreuves avec la lettre, ils ont été enlevés. Elles portent une dédicace de Longueil qui lui avait fait attribuer jusqu'à présent l'exécution de cette pièce.

31 **Bosse** (Abraham). Deux pièces de la noblesse à l'église. Jeune dame assise à gauche et tenant un livre ; autre à genoux devant un prie-Dieu et tournée vers la gauche. Très-belles épreuves.

32 — Plan du fort de Gilasse, en Piémont. In-fol. en largeur.

33 **Boucher** (d'après). Le Trait dangereux. Vénus tenant une flèche qu'elle vient de tirer d'un carquois. Gravé par Poletnich. Superbe épreuve avant la lettre. *Rare en cet état.*

34 — Satyre surprenant deux Nymphes couchées. Superbe épreuve avant la lettre. *Rare.*

35 — Jeune fille assise dans la campagne, ayant derrière elle un panier rempli de raisins. Épreuve avant toute lettre.

35 bis — La Bouquetière, la Parée, la Voluptueuse, la Jalouse, la Coquette, la Joueuse, etc. Charmantes petites vignettes à costumes. 18 pièces.

36 — La Toilette pastorale. Retour de chasse de Diane. 2 pièces gravées par Duflos. Premières et très-belles épreuves, avec l'adresse du graveur.

37 — Femme sortant du bain. Gravé par Et. Fessard. Très-belle épreuve.

38 — La Vendangeuse, la Souffleuse de savon. 2 jolies pièces gravées par Daullé. Très-belles épreuves avec l'adresse du graveur.

39 — Le Marchand d'oiseaux, la Marchande d'œufs. 2 pièces gravées par Daullé. Très-belles épreuves avec l'adresse du graveur. Avec marges.

40 — Jeune fille assise tenant une guirlande de roses. Gravé par P.-F. Tardieu. Jolie pièce.

41 — Jeune fille faisant des bulles de savon. Jolie petite pièce à l'eau-forte. *Rare.*

42 — Jeune fille assise, un panier au bras; autre portant un panier de fleurs sur la tête; un Amour. 3 pièces gravées par Demarteau à la sanguine et à plusieurs crayons.

43 — La Coquette. Jolie pièce gravée par Daullé.

44 **Boyvin** (René). Suzanne et les Vieillards, d'après maître Roux. R. D. 3. Très-belle épreuve du premier état. Il y a une déchirure soutenue par une bande de papier au dos.

45 — La Sainte Famille, sainte Élisabeth et saint Jean, d'après Raphaël. R. D. 9. Belle épreuve.

46 — Dispute de Neptune et de Minerve, d'après maître Roux. R. D. 67. Très-jolie pièce.

47 **Brebiette**. Frises, sujets mythologiques. 12 p.

48 **Breen** (G.-V.). La Femme surprenant son mari offrant une bourse bien garnie à une courtisane, et le prenant aux cheveux. D'après K. Van Mander. Très-belle épreuve.

49 **Bregeon** (Angélique), 1764. L'Élève dessinateur, d'après C. Vanloo. Jolie pièce. Très-belle épreuve.

50 **Bry** (Théodore de). La Fontaine de Jouvence, d'après S. Beham. Jolie petite pièce.

51 **Bryois** (L.). Soldats jouant aux dés sur un tambour. A l'eau-forte, d'après Meissonier.

52 **Callot** (Jacques). Le Massacre des Innocents, première planche d'un travail plus délicat que la deuxième. Meaume. 5. Très-jolie pièce, premier état, avant toute lettre. *Rare.*

53 — Massacre des Innocents, deuxième planche. M. 6. Très-belle épreuve du deuxième état.

54 — La petite Passion. M. 19-30. Suite de 12 pièces. Épreuves superbes du premier état, à l'exception du n° 24, 6 de la suite qui est du deuxième état, et qui ne se rencontre jamais du premier. Gersaint prétend que l'on n'en connaît qu'une épreuve.

Il fallait tout le talent de Callot, la netteté et la précision de sa pointe, pour placer dans chacune de ces petites compositions une multitude aux mouvements si variés, et toujours si bien entendus. Cette suite est une des plus intéressantes des sujets religieux traités par le maître.

55 — Les quatre Banquets. Suite de quatre estampes. M. 48-51. Magnifiques épreuves du premier état. Dans la pièce des Pélerins à Emmaüs, la manche du disciple assis à gauche, est ombrée de travaux simples. Elle est dans cet état de la plus grande rareté.

Ces quatre pièces comptent parmi les chefs-d'œuvre du maître, et il est fort difficile de les trouver d'une beauté égale à celles décrites sous ce numéro.

56 — Différents sujets. M. 90-99. Suite de 9 estampes; Frontispice; Judith; Adoration des Mages; Hommage du petit saint Jean; Jésus-Christ en Croix; la Résurrection; l'Assomption; la Conversion de saint Paul; Saint Livier. Très-belles épreuves du premier état, à l'exception du Christ en croix, qui est du deuxième. Suite *très-rare* à rencontrer complète de cette beauté.

57 — Le Martyre de saint Sébastien. M. 137. Très-belle épaeuve du premier état. Elle est tachée dans le haut, à drolte.

58 — Les martyrs du Japon. M. 155. Superbe épreuve du premier état.

59 — Combat à la barrière. Meaume, 492-503. Suite de 11 pièces. Superbes épreuves tirées sur papier à la marque de Lorraine. Le bras armé, première et deuxième planche, manque. mais il y a en plus: l'Entrée de MM. de Couvonge et de Chalabre, n° 491. *Rare.*

60 — Débarquement de troupes. M. 533. Très-belle belle épreuve du premier état.

61 — Les petites misères de la guerre. M. 557-563. Suite de 7 pièces. y compris le titre. Très-belles épreuves.

62 — Les grandes misères de la guerre. M. 564-581. Belle suite de 18 pièces, qui sont autant de chefs-d'œuvre. Epreuves superbes du deuxième état, avec les mots : *Israel ex.* ou *excud. Cum priv. Reg.*, d'un tirage bien égal, avec marges d'environ 20 millimètres. La pièce n° 3, dont on rencontre

difficilement de bonnes épreuves, est très-belle. Les fonds sont admirablement venus.

Il est rare de rencontrer cette suite dans une condition aussi parfaite.

63 — La rencontre à l'épée, la rencontre au pistolet. 595-596. Deux petits sujets de bataille pleins de mouvement. Très-belles épreuves du premier état.

64 — Joûtes de Florence; première fête dite la Guerre d'Amour. Suite de 3 pièces. M. 633-635. *Très-belles épreuves* du premier état. — Tirées du volume contenant la description de la fête ; elles ont été pliées, mais sans avoir subi d'altération.

Les premiers plans des nos 632 et 634 sont remplis par des Pantalons et des grotesques exécutés avec infiniment d'esprit ; mais tout le charme de ces amusantes fantaisies a disparu dans les mauvaises épreuves. Nous répéterons avec *Mariette : Ces pièces sont d'une rareté extraordinaire à trouver bien imprimées.*

Elles manquent de la beauté de celles-ci dans la plupart des collections de l'œuvre du maître.

65 — La Dévideuse et la Fileuse. 671. Deux dames de condition debout. 672. 2 charmantes petites pièces à costumes. Très-belles épreuves du premier état. *Rares.*

66 — La petite vue de Paris, ou le Marché d'esclaves. M. 712. Superbe épreuve du deuxième état, avec *Israel excudit.*

67 — Vue du Pont Neuf, de la tour et de l'ancienne porte de Nesle. M. 714. Très-belle épreuve, probablement du deuxième état avant l'adresse d'Israël Silvestre. La marge étant en grande partie coupée dans le bas, il est impossible de donner une indication précise.

68 **Carmontelle** (d'après). Pas de deux du deuxième acte de l'opéra de *Sylvie*, par Dauberval et Mlle Allard, gravé par Tilliard. Très-belle épreuve.

69 **Carrache** (Augustin). Suzanne et les vieillards. 124. Charmante pièce, *rare*. Très-belle épreuve.

70 **Castiglione**, dit le *Benedette*. Satyre au pied d'un terme. B. 17. Pan assis vis à-vis d'un vase. B. 18. Deux jolies pièces à l'eau-forte.

71 **Cathelin**. Bacchante endormie. Très-belle épreuve avant toute lettre.

72 **Challe**. 1741. Jeune baigneuse assise et s'essuyant les pieds. Pièce ovale en haut. à l'eau-forte. *Rare*.

73 **Challe** (d'après). Finissez. Jolie composition gravée par Marchand. Très-belle épreuve avant la lettre, avec les noms des artistes à la pointe.

74 **Chardin** (d'après). Les tours de cartes. L'une des plus belles compositions du maître, gravée par P. L. Surugue fils. 1744. Très-belle épreuve.

75 — Les amusements de la vie privée, l'une des plus jolies compositions du maître, gravée par Surugue. 1747. Très-belle épreuve, avec marges.

76 — Les osselets, gravé par Fillœul.

77 **Charpentier**. Le repos de Diane, d'après Jeaurat. Jolie pièce. Très-belle épreuve.

78 **Chodowiecki** (D.). 1771. Cabinet d'un peintre. L'artiste est assis à droite, où il travaille; sa femme est debout, à gauche; au milieu, une table entourée de cinq enfants. L'une des pièces les plus intéressantes du maître, comme représentation d'un atelier d'artiste.

79 **Cochin** le Vieux (N.). Adoration des Mages; Saint Jérôme. 2 pièces. Très-belles épreuves.

80 **Coipel** (C.-A.). La diseuse de bonne aventure. Cette composition se rapporte au n° 21 de l'œuvre de Charles Coypel, décrit par M. R. Dumesnil, avec cette différence que, dans celle que nous décrivons, on lit au-dessous du trait carré, à gauche : *C. A. Coipel in et fecit*, 1706. — Au milieu de la marge du bas : DÉDIÉ A M. BIDAUD, et au bas, à droite : *par son très-humble serviteur C. A. Coipel et neveu.* Cette date de 1706 ne pourrait se rapporter à Charles Coypel, qui est né en 1694, et n'aurait pas gravé cette planche à l'âge de 12 ans.

Au dos de cette pièce se trouvent des croquis à la sanguine représentant des personnages à costumes d'une grande élégance, dans la manière de Watteau.

81 **Coypel** (d'après Ch.). *M. de Pourceaugnac; l'Ecole des Femmes.* 2 jolies compositions pour les comédies de Molière, gravées par Joullain. Très-belles épreuves.

82 **Coquerct.** Les Ennuyés chez eux. — Intérieur d'un café que l'on dit être le café Procope, d'après C. Vernet. Épreuve avant toute lettre.

83 **Corrège** (d'après). La Vierge tenant sur ses genoux l'Enfant Jésus, qui attire vers lui le petit saint Jean. In-folio en hauteur, gravé par J. Barbié. Épreuve avant la lettre.

84 **Choffard.** Culs-de-lampe et fleurons, d'après Bachelier; autre par Berthault. 16 jolies pièces. Très-belles épreuves.

85 **Choubard**. Le départ du marché, ovale en largeur, à l'eau-forte.

86 **Collaert** (Adrien). Minerve dans un médaillon rond avec entourage d'ornements. Très-belle épr.

87 **Coypel** (Antoine). Pan vaincu par les Amours. R. D. 10. Joli morceau. Très-belle épreuve du premier état, avant l'année 1692.

88 **Darcis**. La Pièce curieuse, d'après Boilly ; la Folie du jour, par Tresca. 2 pièces.

89 **Daulceur** (Louise le). Vénus sur les eaux, d'après Bouchardon, terminé par Aug. de Saint-Aubin. Très-belle épreuve.

90 **David** (C.). *Grave beauté jamais ne sourirez?...* Charmant portrait de femme du temps de Louis XIII.

91 **Debucourt**. Le Compliment, ou la Matinée du jour de l'an. De jeunes époux amènent leurs enfants, un petit garçon et une petite fille, pour rendre hommage aux grands parents. Composition de 7 figures, charmante pièce ovale en hauteur, imprimée en couleur. Cette pièce a un peu souffert.

92 — La Maman de retour. Intérieur de la fin de Louis XVI. On voit à gauche, sur un meuble, le buste de J.-J. Rousseau ; vers la gauche, un fauteuil sur lequel est monté un petit garçon pour sauter au cou de sa mère, qui arrive de la droite. Sur le seuil de la porte, à droite une petite fille, tenant un violon et un panier. Pièce des plus charmantes du maître, imprimée en couleur, avant toute lettre. *Très-rare en cet état.*

93 — Promenade de la galerie du Palais-Royal, 1787.

Nul mieux que Debucourt n'a su peindre au vif le tableau des mœurs de son époque. Le Palais-Royal d'alors était l'endroit le plus renommé, le plus fréquenté de tout Paris. Jardin et arcades offraient le spectacle le plus varié et le plus animé. Les courtisanes y affluaient en toilettes élégantes, et leurs mines provocantes faisaient contraste avec les tournures sévères de la bourgeoise. Étrangers, provinciaux, Parisiens de toutes les classes et de tous les âges, se confondaient et formaient une foule des plus curieuses pour la variété des costumes, pour la pose, la démarche et le geste. Debucourt a rendu ce tableau avec infiniment d'esprit dans cette pièce, l'une des plus intéressantes de son œuvre. Elle est en largeur et imprimée en couleur. *Très-rare.*

94 — La Promenade publique, 1792. Pièce en couleur des plus recherchées du maître. Très-belle épreuve.

L'on trouve dans cette pièce la réunion la plus complète des costumes du commencement de la République. Ces costumes subissent encore l'influence des modes du temps de Louis XVI, mais ils vont bientôt disparaître pour faire place aux modes excentriques du Directoire. L'artiste s'y est pris à temps pour tracer et nous transmettre une physionomie des plus curieuses dans son ensemble des élégants de l'époque. En 1792, au milieu du mouvement révolutionnaire, presque à la veille de la Terreur, le petit-maître n'a rien perdu de ses prétentions, de ses poses, de ses allures maniérées; les femmes font toujours étalage de coquetterie et de gentillesses. La foule est grande, animée et fourmille de contrastes; c'est un tableau charmant.

X 95 — Almanach national, année 1791, 3e de la Liberté.

En haut, dans un encadrement, on voit, sur un piédestal, la Constitution assise; au-dessus buste de Louis XVI dans un médaillon ovale; dans le bas, le calendrier de l'année. Au-dessous, à gauche, une jeune femme est assise, entourée des journaux du temps, de brochures, de cocardes tricolores. Derrière elle un jeune couple qui semble représenter les partisans de la révolution, et sur le côté un autre couple âgé faisant piteuse mine, paraît figurer l'ancien régime. Vers le milieu, deux enfants souriant. L'un d'eux, à demi couché, porte un costume de grenadier. A droite, un Français et un Anglais invitent à une fraternelle confédération une foule d'habitants de diverses contrées. Belle pièce imprimée en couleur, in-fol. en hauteur. *Très-rare.*

96 — 1803. Le Printemps, ou les Amants. Très-belle épreuve. Grandes marges.

97 — La maîtresse d'école. Elle est représentée assise à droite, menaçant de verges, des jeunes filles qui se livrent à toute sorte d'espiègleries. L'une, à gauche, mettant un doigt sur un robinet de fontaine en fait jaillir l'eau; une autre, près du bureau de la maîtresse, tient un chat, dont elle pare la tête d'oreilles d'âne, etc. In-folio en largeur, à la manière du lavis. Épreuve avant toute lettre.

98 **Demarteau.** Vénus et l'Amour. Jolie pièce d'après Boucher, à la sanguine. Très-belle épreuve, avec marges.

99 — Deux amants assis près l'un de l'autre; Vénus et l'Amour; Bacchante, etc. 7 pièces d'après Boucher, Huet et Leprince, à la sanguine et à plusieurs crayons.

100 — Jeune fille tenant un chat couché dans un berceau, d'après Boucher. Jolie petite pièce à la sanguine.

101 — Jeune fille assise dans la campagne, et tenant une houlette, d'après Boucher. Charmante pièce à la sanguine, avec marges.

102 — Jeune femme en buste, d'après Watteau. Charmante pièce à plusieurs crayons. *Rare.*

103 — Jeune fille faisant dresser un chien sur ses pattes, d'après Huet, à la manière du crayon tiré en bleu, avec rehauts de blanc. Les Nourrices, par Janinet, d'après Boucher, à la manière du lavis. 2 jolies pièces.

104 — Jeune femme assise et travaillant à un métier à broder, d'après Carmontelle. Jolie pièce à la sanguine.

105 — Deux feuilles de trophées, deux autres feuilles sujets différents pour la décoration, par Bonnet. 4 jolies pièces à la sanguine, d'après Huet.

106 **Denon.** Jeune femme tenant un livre ouvert; deux femmes se prenant aux cheveux. 2 jolies eaux-fortes. Très-belles épreuves.

107 — Isabelle Teotochi Marin; Buste de jeune femme; portrait d'homme. 3 pièces à l'eau-forte.

108 **Descourtis.** Foire de village; noce de village, d'après Taunay. 2 jolies petites pièces, réductions in-8.

109 **Desnos** (à Paris, chez). Le quart d'heure des jolies Françaises, comprenant la toilette, le déjeûner, la promenade, le dîner, le cercle, le jeu, etc. 11 jolies petites vignettes à costumes, époque Louis XVI.

110 **Deson** (Nicolas). Paysages animés de figures. 3 pièces. *Drevet excud.*

111 **Detroy** (d'après). Retour du bal. Charmante pièce gravée par Beauvarlet. Ancienne et très-belle épreuve.

112 **Dietsch**. Paysage. Sur un chemin vers la droite on voit un cavalier précédé d'un paysan. *Knorr ex.* — Autres paysages, par Félix Meyer, Friedrich, Peter Nolpe, d'après Nieuland. 4 pièces.

113 **Dupin** (P.). La jeunesse indifférente, d'après Lahyre. Très-belle épr.

114 **Duplessis-Bertaux.** La bienfaisance ingénieuse. Pradher, Persuis, Elleviou et sa femme s'arrêtant boulevard de la Magdeleine et faisant de la musique pour attirer la curiosité et la charité des passants en faveur d'un aveugle, pauvre artiste ambulant (5 messidor an x). Épreuve d'eau-forte pure.

— La même terminée, avec texte explicatif au bas.

115 **Durer** (Albert). Jésus-Christ saisi par les Juifs (5).
Jésus devant Caïphe (6).
La flagellation (8).
Le couronnement d'épines (9).
Pilate se lavant les mains (11).
Le portement de croix (12).
Jésus-Christ à la croix (13).
Jésus-Christ mis au tombeau (15).
La descente aux Limbes (16).
Saint Pierre et saint Paul guérissant un aveugle à la porte du Temple (18).

10 pièces de la Passion, sur cuivre, épreuves de la plus grande beauté.

116 — **Dusart** (Corneille, 1685). Le baiser (9). Un vieux paysan embrasse une femme âgée. Dans le fond, à gauche, on voit sous une tente des hommes, des femmes et des enfants. Cette pièce, l'une des plus spirituelles compositions du maître, est exécutée d'une pointe légère. *Rare.* Très-belle épreuve.

117 — La Fête de village (B. 16). Première et superbe épreuve avant les taches d'oxydation de la planche vers le milieu du haut.

118 **Duvivier** (G). La tentation de saint Antoine, d'après Van Heuvel. R. D. 3. Curieuse composition à l'eau-forte. *Rare.*

119 **Dyck** (Daniel Vanden). Suzanne surprise au bain par les vieillards. R. D. 1. Jolie pièce à l'eau-forte. Très-belle épr.

120 **Eisen** (Charles). Enfant à demi-couché, ayant près de lui des fruits. Charmante pièce à l'eau-forte. Très-belle épreuve avant la pagination dans le ciel.

121 — (D'après). L'accord de mariage; le bouquet. 2 jolies pièces gravées par Gaillard. Très-belles épr. avec l'adresse du graveur.

122 — Le Jour : une jeune mariée vient d'achever sa toilette; on lui attache un bouquet au corsage. — La Nuit : intérieur de chambre à coucher, dans laquelle une jeune femme de chambre achève le déshabillé de la mariée. 2 charmantes compositions, avec costumes et décorations Louis XV, gravées par Patas.

123 **Ertinger** (Franç.). Les Grâces faisant la toilette de Vénus. Charmante composition. Très-belle épreuve.

124 **Fessard**. Un baiser ou ta rose ! Quoi, pas même la main ? 2 pièces, d'après Watteau, de Lille.

125 **Fontainebleau** (Ecole de). Réunion d'hommes et de femmes ; au milieu du haut, groupe de musiciens, par Domenico Fiorentino. Très-belle épreuve.

126 **Fragonard** (d'après). A femme avare galant escroc ; le Calendrier des vieillards. 2 charmantes pièces, épreuves d'eau-forte.

127 **Freudeberg** (d'après). La soirée d'hyver. Superbe épr. avant toute lettre.

128 **Frey** (J. de). Vieille femme pelant une pomme, d'après Rembrandt. Très-belle épr. sur papier de Chine, avant la lettre.

129 **Frey** (Jean-Michel). Concerts de singes et guenons portant le costume de l'époque Louis XV, d'après Grossmann. 2 compositions plaisantes, à l'eau-forte.

130 **Gaspre-Poussin.** Paysage de forme ronde, R. D. 2. Très-belle épr. du premier état, plus un paysage de Vander Cabel.

131 **Gatine**. *Aquâ forti.* Chiens attaquant un renard. Pièce de forme ronde.

132 **Gaultier** (Léonard). S. Maria de Guadalupe. *Rare.* Très-belle épr.

133. **Gavarni** et **Granville**. Un nid dans les blés : Le chargé d'affaires ; Parisiens pittoresques ; Les breuvages de l'homme, etc. 23 pièces.

134 **Gelée** (Claude), dit *le Lorrain.* Le soleil couchant. R. D. 15. Admirable composition, considérée comme le chef-d'œuvre du maître. Épreuve du premier état, avant le numéro et avant la lettre dans la marge du bas. *Extrêmement rare.*

Dans cet état, cette pièce manque à presque tous les cabinets d'amateurs, et à la plupart des musées.

135 — Le troupeau en marche par un temps orageux. R. D. 18. Très-belle épreuve du troisième état.

136 **Godefroy** père. Montagne du Liban. Superbe épr. avant toute lettre.

137 **Gouy d'Arsy.** Diane au bain avec ses nymphes, elle découvre la grossesse de Calisto. Pièce en couleur.

138 **Goya** (F.). D. Balthasar Carlos, principe de Espana, hijo del rey D. Felipe IV, d'après Velasquez. Portrait équestre. In-fol.

139 **Goyen** (Jean Van). Paysage traversé par une rivière sur laquelle est un pont; à droite, deux hommes dans un bateau. Première épreuve *avant l'adresse de Allardt.*

140 — Entrée d'un village. On voit, vers la gauche, un pont, au milieu un homme à cheval, et à droite une maison ombragée par cinq arbres. Charmant paysage. Première et très-belle épr. *avant l'adresse de Allardt.*

141 — Vue d'un canal traversé par un pont sur lequel sont deux figures; au bas, à gauche, un homme portant deux seaux. Première et très-belle épr. *avant l'adresse de Allardt.*

142 — Paysage dans lequel on voit, à gauche, une voiture à quatre roues attelée de deux chevaux passée dans un bac. Très-belle épr.

143 — Entrée d'un village. On voit, vers la droite, une femme tenant un enfant par la main. Très-belle épreuve.

144 **G. P.** in **F.** Loth et ses filles. Loth est placé à gauche, tenant une coupe à la main; l'une des filles est assise en face de lui, l'autre est debout derrière le buste du père. Les figures sont pleines d'animation. Jolie pièce à l'eau-forte.

145 **Gravelot** (d'après). Un concert. Gravé à l'eau-forte, par St-Non. Composition de 14 figures; un lustre, suspendu au milieu du haut, éclaire la scène. Fort jolie pièce in-fol. en hauteur. *Rare.* Très-belle épr.

146 — Le maréchal. Jolie petite composition à la sanguine. (*A Paris, chez Janinet.*)

147 **Greuze** (d'après). La bonne éducation. — La paix du ménage Deux des plus charmantes compositions du maître, gravées à l'eau-forte par Moreau jeune, et terminées au burin par P. C. Ingouf. Superbes épreuves avant toute lettre. *Très-rares en cet état.*

148 — L'enfant gâté. L'une des belles compositions du maître, gravée par Maleuvre. Très-belle et rare épreuve avant toute lettre.

149 — La privation sensible. Gravé par Simonet.
Une épr. d'eau-forte.
Autre épr. superbe avant la dédicace. Grandes marges.

150 — La même. Très-belle épr., avec la lettre.

151 — La mère bien-aimée. L'une des plus belles compositions du maître, gravée par Massard. Superbe épr., *signée au dos par Greuze et par Massard.*

152 — La petite Nanette, gravé par A. Legrand jeune. *Rare.* Très-belle épr.

153 — La petite Nanette, gravé par Beljambe. Très-belle épr. d'une jolie pièce.

154 **Guérin** (F. 1779). La marchande de pommes, d'après Amant. Jolie pièce à l'eau forte.

155 **Gueroult du Pas**. Les différents bâtiments de la mer Méditerranée. 30 pièces, y compris le titre.

156 **Hallé** (Noël). Antiochus dictant ses dernières volontés. 2. Très-belle épreuve du deuxième état, avant que le nom de l'artiste, tracé à la pointe, n'ait été effacé.

157 **Hilair** (d'après). L'esclave heureux. Gravé par Mathieu. Superbe épreuve avant toute lettre. *Rare.*

158 **Honoré,** *sculpsit.* Un couple âgé prend le thé sur une petite table, à droite ; derrière l'homme, à gauche, une jeune fille penche la tête vers un jeune homme qui lui parle à l'oreille. Intérieur et costumes de la fin du règne de Louis XVI. Épreuve avant la lettre.

159 **Huet** (manière de). Le colin-maillard. Cinq personnages se livrent à ce jeu dans un parc. Charmante composition à costumes de l'époque Louis XVI. *Rare.*

160 **Janinet**. L'Amour rendant hommage à sa mère, d'après Boucher. Jolie pièce en couleur.

161 — Vénus assise, une main appuyée sur le carquois de l'Amour, et tenant de l'autre une flèche; Vénus sortant du bain. 2 jolies pièces, d'après Boucher, imprimées en couleur.

162 — Ah! le joli petit chien! le petit conseil. 2 jolies pièces en couleur, d'après Lawreince.

163 **Janinet** (manière de). L'amant favorisé, d'après Boilly. Charmante pièce ovale en hauteur, imprimée en couleur.

164 **Jeaurat** (Etienne, d'après). L'huître et les plaideurs ; l'Amour et la folie ; le savetier et le financier. 3 pièces gravées par Edme Jeaurat.

165 — L'économe. Gravé par M. Aubert. Très-belle épreuve.

166 **Kessel** (Théodore van). Composition où l'on voit deux femmes nues, l'une, debout, tenant une corne d'abondance; l'autre, assise, offrant des fruits à un singe, d'après Rubens. Très-belle épreuve.

167 **Kolbe**. Beaux paysages à l'eau-forte. 5 pièces.

168 **Kruger** (Lucas). Vierge assise, à droite, adossée à un arbre et donnant le sein à l'Enfant Jésus ; dans le fond une ancienne porte qui laisse voir en perspective une ville à laquelle on arrive par un pont. Le monogramme du maître se trouve sur une tablette suspendue à une branche d'arbre dans le haut, à droite.

169 **Lagniet**. Proverbes. 13 pièces.

170 **Lahyre** (Laurent). Saint Paul. R. D. 15. Premier état, *non décrit* par M. Robert Dumesnil, avant toute lettre.

171 — **Lancret** (manière de). Le bouquet. Galant offrant des fleurs à sa belle. Pièce sans noms d'artistes.

172 **Lawers** (Nicol.). Sainte Cécile entourée de trois anges, d'après Gérard Seghers. Très-belle épr. avec *Meyssens ex.*

173 **Lawreince** (d'après). La séparation inattendue : jeune galant se séparant d'une belle éplorée. La scène se passe dans un intérieur, avec ameublement de l'époque Louis XVI. Jolie pièce gravée dans la manière de Janinet, en couleur. *Rare.*

174 — La soubrette confidente. Gravé par Vidal. Très-belle épr.

175 — Ecole de danse. Jolie pièce gravée par Dequevauviller. Très-belle épr.

176 — La leçon interrompue. Jolie composition, gravée par Vidal. Épreuve avant toute lettre.
— La même, avec la lettre.

177 — La partie de musique. La scène se passe dans un parc. Charmante composition, à costumes, gravée par V. Langlois le jeune. Belle épr.

178 — Les soins mérités. Jolie pièce, gravée par Delaunay jeune. Très-belle épr.

179 **Lebas**. Revue de la maison du roi au Trou-d'Enfer, d'après Lepaon. Superbe épreuve avant toute lettre.

180 — Quatre costumes sur la même feuille. Au bas, à droite, jeune femme assise près d'une balustrade de parc ; à gauche, un musicien à genoux jouant du violon, etc. Très-belles épreuves avant le nom de l'artiste.

181 **Lelu** (Pierre). Allégorie à la mémoire de Henri IV. *Baudicourt*, n° 25. Belle épreuve du deuxième état avec des rehauts laissés en blanc, d'un meilleur effet que le premier état.

182 **Lenoir**, architecte (inventé par). Vue du Vauxhall de la foire Saint-Germain, salle de bal, loges, galeries, gradins, etc. Pièce fort curieuse pour la décoration et les costumes. Au bas de la pièce se trouve le plan du premier et du second étage. *A Paris, chez Lerouge*, 1772. In-fol. en largeur. *Très-rare.*

183 **Lepôtre.** Paysage dans lequel on voit, à gauche, des tentes, et à droite, un homme appuyé sur un bâton. Très-belle épreuve, avec l'adresse de Leblond.

184 **Leprince** (d'après). Le marchand de lunettes. Gravé par Helman. Très-belle épr.

185 **Leyde** (Lucas de). La femme à la grappe, B. 151. Pièce admirablement touchée, dit Bartsch, et du meilleur temps du maître. Très-belle épr.

186 **Loutherbourg** (P. j.). Les quatre heures du jour. 4 jolies pièces.

187 **Loyr** *pinx. ex.* Ecce ancilla domini. Très-belle épreuve.

188 **Marin**, 1774. Les trois Grâces, dans un petit médaillon ovale, entouré d'un encadrement ornementé. Le sujet, exécuté à l'imitation des miniatures sur fond or, est traité avec une grande délicatesse. C'est une charmante petite pièce. *Très-rare.*

189 **Mazzuoli**, dit le *Parmesan* (manière de). Une jeune femme est assise à gauche et paraît donner des indications à de jeunes ouvrières sur des ouvrages de broderie. Très-jolie pièce à l'eau-forte.

190 **Meheux** (J). Une vieille femme ayant un panier au bras, tient à la main une chandelle allumée ; un jeune garçon, placé à gauche, présente à la lumière la mèche de sa chandelle. A la manière noire, in-4. *A Paris, chez Audran.* Très-belle épreuve.

191 **Mercier** (manière de). Promenade et conversation dans un parc. Composition de 5 figures. Belle pièce à l'eau-forte.

192 **Moitte** (Angélique). Les voisines laborieuses, d'après Debucourt. Jolie pièce, très-belle épreuve.

193 **Mola** (Francesco). La Vierge donnant le sein à l'enfant Jésus. B. 3. Charmante pièce à l'eau-forte, d'un beau sentiment. Belle épreuve, avec marges.

194 **Mompère** *excud.* (Barthélemy de). Dentiste ambulant monté sur un âne. Pièce de mœurs assez plaisante. L'épreuve a quelques trous de vers, et elle est collée en plein.

195 **Monchy** (de). L'écueil de la sagesse, d'après Hoin. Très-belle épreuve avec marges.

196 **Moreau** jeune. Sacre de Louis XVI, à Rheims, le 11 juin 1775. Épreuve d'eau-forte avant la lettre dans le cartouche et la marge du bas. Dans la partie gauche de la marge du bas, le maître a gravé deux essais de feuillage, un buste d'homme de profil et un buste de jeune femme vue de face. Dans cet état, les nombreuses figures qui animent la scène sont d'une légèreté de pointe que l'on ne retrouve plus dans la pièce terminée. 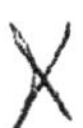

Épreuve de la plus grande beauté, peut-être unique.

197 — 1781. Un tombeau, d'après Paris.

198 — (D'après). La partie de witsch, l'une des plus charmantes compositions du costume du XVIIIe siècle, gravée par J. Dambrun. Très-belle épr. avec marges.

199 — L'accord parfait, gravé par Helman. Très-belle épreuve avec les lettres *A. P. D. R.* Grandes marges.

200 — La sortie de l'Opéra, gravé par Malbeste. Charmante pièce à costumes. Epreuve d'eau-forte.

201 — Couronnement du buste de Voltaire au Théâtre-Français, le 30 mars 1778, après la sixième représentation d'*Irène.* : Jolie pièce gravée par E. Gaucher. Très-belle épreuve avec la première adresse. *Chez l'auteur.*

202 — Le festin royal; le bal; fêtes données au roi et à la reine le 21 janvier 1782, à l'occasion de la naissance du Dauphin. 2 pièces in-fol. Superbes épr. avant la lettre. *Rares en cet état.*

203 — Hommages rendus à la comtesse d'Artois, dont le buste est placé sur un piédestal, gravé par Simonet. Épr. d'eau-forte pure.

Autre épr. suberbe, avant la lettre. *Rare.*

204 — Henri IV chez le meunier Michau, gravé par Simonet. Épr. d'eau-forte.

Autre ép. superbe avant la lettre.

Autre très-belle avec la lettre.

205 — Tullie fait passer son char sur le corps de son père, gravé par Simonet. Epr. d'eau-forte.

Autre épr. avant la lettre.

Autre avant le texte au-dessous du titre.

Autre avec la lettre.

206 **Moreau** Louis. (manière de). Deux amans assis dans la campagne. Charmante pièce in-4° en hauteur avant toute lettre.

207 **Morghen** (Raphaël). Portrait d'homme d'après Mireveldt. In-fol. Très-belle épreuve avant la lettre.

208 **Mosyn**. Les quatre éléments représentés par des compositions d'enfants. D'après Holsteyn. Belle suite de 4 pièces.

209 **Moyaert** (Claas) Bœufs, vaches et moutons, gardés par un berger. Rigal. 3. Jolie pièce à l'eau-forte. Très-belle épreuve de *la collection W. Esdaile.*

210 — Mercure et Argus. Belle pièce à l'eau-forte. *Rare.*

211 **Muller** (Jean). Le festin de Balthazar. Belle pièce du maître. B. 1. Très-belle épreuve.

212 **Natoire** (d'après). Sainte Geneviève des Ardents; tableau de la chapelle de Saint-Vincent de Paul. 2 pièces gravées par Fessard ; — Miracles opérés par l'intercession de saint Vincent de Paul. Pièces gravées par N. Delaunay, d'après A. Beaufort.

213 **Neefs** (Jacques). Hérodiade portant sur un plat la tête de saint Jean-Baptiste. D'après G. Seghers. Très-belle épreuve.

214 **Novelli.** Deux jeunes filles, d'après Denon. Charmante eau-forte.

215 **Ollivier**, peintre du roi (d'après). Jeune femme assise et pêchant à la ligne. A plusieurs crayons. Jolie pièce gravée par Bonnet.

216 **Parrocel** (Pierre). Bacchanale. R. D. 17. Des bacchants et bacchantes dansent en rond autour de deux couples qui s'embrassent. Charmante composition d'un grand nombre de figures. Superbe épreuve du premier état, à l'eau-forte.

217 — Jeune femme assise à gauche, tenant sur ses genoux un enfant auquel elle donne à boire. On voit à droite un autre enfant. Jolie petite pièce à l'eau-forte. *Non décrite.*

218 **Pater** (d'après). L'essai du bain, jolie pièce. Très-belle épreuve avant toute lettre. *Rare.*

219 — La danse, charmante composition gravée par Fillœul, état très-avancé de la planche, mais non encore terminé avant toute lettre. *Rare.*

220 — Le Mai, gravé par Patas (du cabinet du duc de Choiseul). Charmante composition. Très belle épreuve.

221 **Patigny.** 1672. *Academia subtilis doctoris.* Jean Duns, dit Scot, appelé le docteur Subtil, mort en 1308, est considéré comme l'auteur de l'opinion de l'immaculée conception de la Sainte Vierge. Il est représenté assis à gauche, et discourant en face d'un grand nombre de docteurs. in-fol. en hauteur.

222 **Penez** (Georges). Jésus appelant à lui les petits enfants. B, 46. Jolie pièce.

223 — Virgile exposé dans un panier à la risée du peuple de Rome. B. 87. Très-belle épreuve.

224 — La courtisane punie pour l'insulte qu'elle a faite à Virgile. B. 88. Très-belle épreuve.

225 **Picart** Bernard (manière de). Un petit souper sous la régence, composition de sept figures, dont trois couples d'amants et une jeune servante qui verse à boire. La table est dressée dans un parc sous un berceau de verdure. Jolie petite pièce à costumes. In-4° en largeur. *Très-rare.*

226 **Pierre.** Le bal improvisé. R. D. 29. Jolie pièce à l'eau-forte.

227 **Pompadour** (marquise de). Génie de la France; génie de la musique; l'amour et l'âme; Léda; sept charmantes pièces d'après Guay. Très-belles épr.

228 **Porporati.** Le coucher, d'après J. Vanloo. Très-belle épreuve avant toute lettre.

229 — Susanne au bain, d'après Santerre. Jolie pièce.

230 **Prevost** (B.-L.). *Il riposo; il buono naturale;* scènes de chats. Jolie petite pièce à l'eau-forte.

231 **Prins** (J.-H.). 1783. Buveur assis et tenant un verre. Jolie pièce à l'eau-forte.

232 **Prudhon**. Une famille malheureuse, lith. originale du maître. Avant la retouche. *Rare.*

233 — (D'après). Entête de la Préfecture de la Seine, gravé par Roger. Charmante petite pièce. Superbe épreuve avant la lettre d'Entête. *Rare en cet état.*

234 — La grotte, jolie pièce gravée par Roger. Très-belle épr. avant la lettre et avant la suppression de la tablette.

235 — Le premier baiser de l'amour, gravé par Copia, ravissante composition du maître. Très-belle épreuve, avec les noms des artistes bien apparents.

236 — La toilette, jolie pièce lithographiée par Maurin. Belle épr. sur papier de Chine.

237 **Queverdo** (d'après). Le coucher de la mariée, gravé par Patas.

238 **Ragot**. La belle anglaise. Joli portrait de femme en costume de la fin de Louis XIII.

239 **Reclam** (F.) 1756. Vue des environs de Sceaux. Joli paysage à l'eau-forte imprimé en rouge.

240 **Regnault** (N.-F.). Le lever, d'après lui-même; le bain, d'après Baudoin. 2 charmantes pièces en couleur. Très-belles épr. d'une grande fraîcheur.

241 — (D'après). Junon empruntant la ceinture de Vénus. Très-belle épreuve avant la lettre au dessous du titre.

242 **Rembrandt**. Portrait de Rembrandt, aux trois moustaches. Cl. 2. Jolie pièce parfaitement gravée. *Rare.*

243 — Rembrandt appuyé, le plus beau et le plus recherché des portraits du maître. Cl. 21. Belle épr. du deuxième état, d'une conservation parfaite.

244 — La Vierge et l'Enfant Jésus sur des nuages. *Ch. Blanc.* 32. Cl. 65. Belle épreuve.

245 — Agar renvoyée par Abraham. *Ch. Blanc.* 3. Cl. 37. Pièce des plus spirituelles du maître. Belle épr.

246 — Jacob pleurant la mort de son fils Joseph. Cl. 42. Morceau des plus estimés du maître pour l'expression des figures. La douleur de Jacob et de Rébecca, l'indifférence brutale avec laquelle les deux frères de Joseph viennent annoncer la fatale nouvelle, y sont parfaitement rendues. Pièce des mieux exécutées. *Rare.*

247 — Triomphe de Mardochée. Morceau très-fini. Cl. 44. Très-belle épreuve.

248 — Présentation au temple. Cl. 55. Jolie petite composition très-légèrement gravée. Très-belle épreuve. *Rare* à trouver de cette qualité, les épreuves de cette planche étant presque toujours faibles.

249 — Fuite en Égypte, effet de nuit. *Charles Blanc.* 26. Cl. 57. Belle épr. tirée *sur papier à la folie.*

250 — Sainte Famille. Cl. 66. Jolie petite pièce. Belle épreuve du deuxième état.

251 — Jésus chassant les marchands du temple. Cl. 73 Très-belle épr. du premier état.

252 — La descente de croix au flambeau. Cl. 87.

253 — Retour de l'enfant prodigue. Cl. 95. Morceau dans lequel l'artiste a rendu le profond degré d'avilissement où est tombé l'homme livré à la débauche, et le sentiment de tendresse et de compassion du père en recevant dans ses bras son fils misérable et humilié. Belle épreuve.

254 — Décollation de Saint Jean Baptiste. Cl. 96. Épreuve avec les barbes sur les ombres du devant. Très-belle épreuve, ce qui est fort rare à rencontrer pour ce morceau, l'eau forte ayant trop peu mordu sur la planche.

255 — Le martyre de Saint Étienne. Cl. 100. morceau gravé avec soin et d'un bel effet.

256 — Les musiciens ambulans. Cl. 121. Belle épreuve.

257 — Le Persan. Cl. 149. morceau parfaitement gravé, d'une grande finesse de pointe. Superbe épreuve avec les bords raboteux, avec salissures dans le haut et sur la gauche. *Très-rare en cet état.*

258 — La même pièce, épreuve de la planche nettoyée. Les travaux sur le terrain à droite en partie disparus.

259 — Deux mendiants à côté d'une butte. Cl. 162. Belle épreuve du quatrième état.

260 — Les baigneurs. *Charles Blanc* 117. Cl. 192. Très-belle épreuve avant la tache produite par l'oxidation du cuivre.

261 — Femme nue dormant. Cl. 201. Très-belle épr. du troisième état.

262 — La négresse couchée. *Charles Blanc.* 169. Cl 202. Ancienne et belle épreuve.

263 — Faustus. Cl. 267. Clément de Jonge. 269. 2 pièces.

264 — Utembogardus. Cl. 276. Belle épr. du troisième état.

265 — Jean Silvius, l'un des plus beaux portraits exécutés par le maître. Cl. 277. Belle épr.

266 — Buste d'homme à cheveaux longs, la tête couverte d'une toque. Cl. 286. Très-belle épr.

267 — Buste de la mère de Rembrandt. Cl. 339. Première et superbe épr. avant la retouche. Dans cet état la tête traitée avec beaucoup de finesse est rendue avec un sentiment de vérité remarquable. D'une conservation parfaite avec marges.

268 — Petit buste de la mère de Rembrandt. *Ch. Blanc* 193. Cl. 343. Cette estampe, dit M. Charles Blanc, est peut-être la plus parfaite qui soit sortie de la main du maître. Épreuve d'une grande beauté.

269 — Trois têtes de femmes dont une qui dort, pièce des plus spirituellement exécutées. Cl. 358. Très-belle épr.

270 — (École de). La coupeuse d'ongles. Morceau *rare. Claussin, supplément, page* 105. Belle épreuve.

271 **Rosalba** (d'après la) La musique. Jeune femme avec des fleurs dans les cheveux, tenant un tambourin. Jolie pièce gravée par H. Sintzenich. imprimée en couleur.

272 **Ruysdaël.** Paysan et son chien passant sur un pont de bois. 1. Deux hommes suivis d'un chien. 2. Chaumière sur un lieu élevé. 3. 3 beaux paysages.

273 **Sadeler** (Jean) *crapula et lascivia*; scène d'orgie avec musique et mascarade, d'ap. Martin de Vos. Très-belle épr.

274 **Saint-Aubin.** Auguste. L'hommage réciproque. Jeune femme venant de peindre le portrait de son amant; un sculpteur venant d'achever le buste de sa maîtresse. 2 jolies pièces gravées par Gautier, imprimées en couleur.

275 — Vénus Anadyomène, d'après le Titien. Très-belle épr. avant la coquille sur les eaux.

276 — (Gabriel de). Charlatan débitant ses drogues sur le pont Neuf. *Baudicourt.* 15. Charmante pièce à l'eau-forte. *Très-rare.*

277 **Schmidt** (G.-F.). Vieillard habillé à l'orientale. Cl. 18. Belle épreuve.

278 **Schmitt** 1775. Maison de paysan près de laquelle on voit trois chevaux. Belle eau-forte.

279 **Sergent** et **Gautier** l'aîné. L'heureux ménage. d'apr. Aug. Saint-Aubin. en couleur, épreuve d'une grande fraîcheur.

280 **Silvestre** (Suzanne). *Veux-tu d'une inhumaine emporter la tendresse?..... Que le cœur d'un amant est sujet à changer!* 2 pièces, d'après Lancret.

281 **Solis** (Virgile). Chasse au sanglier; au cerf. 2 frises. Très-belles épr.

282 **Spiélenberger.** Vertumne et Pomone, charmante composition à l'eau-forte. *Rare.* Très-belle épreuve.

283 **Strange** (R.). La Fortune; Cléopâtre, 2 belles pièces d'après le Guide.

284 — L'amour, d'après C. Vanloo. Très-belle épr.

285 — Joseph et la femme de Putiphar, d'après le Guide. Épreuve non terminée, avant toute lettre.

286 **Subleyras.** (P.). Le serpent d'airain. R. D. 2. Très-belle épr.

287 **Suyderhoef.** Trois buveurs dans une tabagie, dont l'un joue du violon, d'apr. A. Van Ostade, pièce connue sous le nom de *Jean de Moff, N. Vischer excud.* Très-belle épr.

288 **Teniers** (David). La danse flamande (1). Vers le milieu un villageois et une villageoise dansent au son de la musette d'un homme monté sur un tonneau. Des buveurs placés à une table dressée vers la gauche, semblent prendre une part très-animée aux joies de la fête. Belle composition à l'eau-forte. Première épreuve. *Rare.* Il existe un petit trou dans la marge, au-dessous du trait carré, vers la droite.

289 — La même pièce. Épreuve avec la retouche.

290 **Thomassin** (Philippe) 1613. Adoration des rois, grande et belle composition en hauteur, d'après Frédéric Zuccaro. Très-belle épreuve.

291 **Thiers.** Paysage. Au milieu une maison avec escalier extérieur; autre pièce représentant un groupe de maisons dans la campagne. Signé : B. Sc. 2 pièces à l'eau-forte d'après Boucher.

292 **Titien** (d'après). Le Sommeil, gravé par Romanet. Superbe épr. avant la lettre.

293 **Tournière** (d'après). La Magdeleine, gravé par Letellier en 1787. Épreuve avant la lettre.

294 **Valdor** (Jean). Sainte Catherine de Sienne. Très-belle épr.

295 **Vangélisti.** Buste de jeune fille avec des roses dans les cheveux. Elle tient sur elle un panier de cerises, d'après Peters. Charmant petit médaillon ovale. Épreuve avant la lettre. *Très-rare.*

296 — Jupiter sous la forme d'un taureau, couché aux pieds d'Europe qui entoure son cou d'une guirlande de fleurs, d'après Vien. Superbe épreuve avant la lettre.

297 **Varin.** L'indiscret punit, d'après Boucher. Jolie pièce à la sanguine.

298 **Vernet** J. (d'après). Grands ports de France, Antibes, Bayonne, le Havre, Rochefort, Dieppe, etc., gravés par Cochin et Lebas; vue des environs de Naples, fête sur le Tibre, à Rome. 19 grandes pièces en largeur.

299 **Viel.** Diane au bain, d'ap. Metay. Très-belle épr.

300 **Vien.** Le retour de la vendange. *Baudicourt.* 5. Jolie pièce à l'eau forte.

301 **Vliet** (Van). Portrait de Rembrandt, d'après l'estampe originale, nº 7, de Claussin. Très-belle épr.

302 **Watteau.** L'Homme appuyé. R. D. 3. Femme assise. 7. 2 jolis costumes de modes. Épreuve avant que les mots : *Vateau inv. et fecit* n'aient été effacés ; jeune femme assise, gravée par Thomassin fils ; costumes de jeunes seigneurs. 3 pièces gravées par J. Audran. Premières épreuves avant les fonds ; un de ces costumes avec le fond. En tout, 7 pièces.

303 — (d'après). Le Plaisir pastoral. Charmante composition gravée par N. Tardieu. Première et très-belle épreuve avec le titre écrit : *Les Plaisir pastoral.* Rare en cet état.

304 — Diane au bain. Charmante pièce gravée par P. Aveline. Épreuve superbe.

305 — Mezetin; jeune femme assise tenant un éventail. 2 pièces sur la même feuille, gravées par Boucher. Premières et très-belles épreuves avant les fonds et les numéros en chiffres romains. *Rares en cet état.*

306 — Spectacle français. Jolie pièce gravée par P. Dupin.

307 — Un jeune homme debout, à gauche, coiffé d'une toque, danse, ayant en face, placés à droite, deux couples d'amants assis près d'un joueur de cornemuse. Jolie composition gravée par P. M. (Mercier). Belle épreuve.

308 Jeune femme debout appuyée sur une canne, et paraissant adresser la parole à trois personnes placées à la droite. Jolie composition gravée probablement par Mercier. Épreuve avant toute lettre.

309 — L'Accordée de village, par N. de Larmessin.

310 — La Mariée de village. Gravé par C.-N. Cochin. Très-belle épreuve.

311 — Le Marais; les Délassements de la guerre; l'Abreuvoir; l'Amour paisible; les Apothicaires poursuivant M. de Pourceaugnac; la Chute d'eau; Camp volant, la Fileuse. 8 pièces gravées par divers.

312 **Wierix**. Un membre de la Société de Jésus en adoration devant la Vierge, portant une couronne et tenant l'Enfant Jésus. Très-belle épreuve d'une jolie petite pièce. La marge du bas est coupée.

313 **Wocher** (Marq.), 1786. Buveurs et fumeurs rassemblés autour d'un tonneau. Eau-forte et mélange de lavis, avec rehauts de blanc. Jolie petite pièce.

PLANS & VUES DE PARIS, MONUMENTS DE PROVINCE

314 **Allais**. Le petit Châtelet, d'après Garneray.

315 **Bella** (Etienne de La). Vue perspective de Paris; dans le fond, place Dauphine, flèche de la Sainte-Chapelle, etc. Sur le devant, chanteur en pied, en costume de Scaramouche, s'accompagnant de la guitare. Ce personnage est gravé par Gilles Rousselet. Pièce des plus intéressantes de La Bella. *Rare.* Très-belle épreuve.

316 **Boisseau** *excud.* Représentation du Palais-Royal en la Cité.

317 **Brebiette** (Attribué à). Vue intérieure de Paris, représentant le bassin de la Seine entre le Pont-Neuf et le Pont-aux-Meuniers. Des bateliers se livrent à des joûtes. Sur la gauche, on voit une corde tendue sur laquelle se tenaient des hommes nus; la corde a fléchi et les entraîne dans le fleuve. On lit au milieu du bas : *Drevet excudit.*

318 **Chalmandrier**. Plan de la ville et des faubourgs de Paris (sous Louis XV), avec encadrement où se voient les vues : de la place Louis XV, des églises St-Sulpice, la Madeleine, St-Gervais, etc.

319 **Ciartes** *excudit.* Château royal de Saint-Germain-en-Laye; Folembray; Valéry. 3 pièces.

320 **Cruche.** La ville, cité et université et fauxbourgs de Paris. Plan gravé sur bois, avec lettres et numéros de renvoi pour les principales églises, rues et places de la ville de Paris, tant du dedans que des fauxbourgs. Plan curieux qui nous semble avoir été exécuté vers la fin du XVIe siècle.

321 **Deson** (Nicolas), 1625. *L'excelent frontispice de l'abaye de Sainct Nicaise de Reims.* Belle pièce.

322 **Flamen** (Albert). Vue du Bourg-la-Reine, du côté de Fontenay-aux-Roses. R. D. 497. Très belle épreuve du premier état, *non décrit*, avant le n° 6 à la droite du bas.

323 **Lantara** (d'après). Vue de l'isle Louvier, de Saint-Étienne du côté de la porte Saint-Bernard; du jardin royal des Plantes ; d'un pavillon de l'Arsenal; de l'Observatoire; de la barrière de Gentilly; 8 jolies pièces. Très-belles épreuves. *Rares.*

324 **Lebas** (Ph.). Parapet de l'ancien Pont-Neuf, avec vue de l'une des anciennes boutiques, d'après Cochin. *Rare.*

325 **Ozanne**. La Place Louis XV. Jolie petite pièce.

326 **Silvestre** (Israël). Vue du Luxembourg, de la suite n° 48. Jolie pièce. Très-belle épreuve du premier état. *Rare.* (Il y a quatre états différents.)

327 — Château de la Bastille du côté de la rue Saint-Antoine, et hors la porte Saint-Antoine. 2 pièces, n° 82. *Rares.* Très-belles épreuves.

328 — Le grand Châtelet de Paris, n° 88. *Rare.* Très-belle épreuve.

329 — L'Hôtel d'Angoulême du côté du jardin, n° 89. — La Porte St-Honoré, n° 139. Premier état. 2 p.

330 — Église de l'hôpital Saint-Louis, 97. Épreuve superbe.

331 — Les Petits-Augustins du fauxbourg Saint-Germain Saint-Sulpice, page 107. Très-belles épr. *Rares.*

332 — Église Saint-Pierre de Rheims; Église de Venteuil proche la Roche-Guyon ; 2 pièces imprimées sur la même feuille. F., p. 107. Superbes épreuves du premier état. *Rares.*

333 — Église Saint-Germain-l'Auxerrois ; Église Saint-Sauveur, rue Saint-Denis. F., page 108. Très-belles épreuves. *Rares.*

334 — Les Galeries du Louvre, 115. — Maison de M. le premier président du Parlement de Paris, 123. — La statue de Henri IV et l'Isle du Palais, 131. 3 pièces.

335 — Vue d'une partie du cours et de la Savonnerie, nº 156. Très-belle épreuve.

336 — Vue de la Tour de Nesle et de la galerie du Louvre. F., nº 159. Très-belle épreuve du premier état.

337 — Vue de Berny, 175. Premier état. — Du château de Coulommiers. 2 pièces, 203.— Premier état.— du château d'Écouen, 210. Premier état. — Du château du Verger en Anjou. 315. 6 pièces.

338 — La Tour de Clermont en Dauphiné, 196. — Palais de Mme la conestable de Lesdiguières à Grenoble, 222. 2 pièces, très-belles épreuves.

339 — Château de Pierre-en-Size de Lyon. — Église de Saint-Jean de Lyon, 234. 2 pièces. Très-belles épreuves.

340 — Vues de Lyon, titre ; le Bastion de Saint-Jean, Belle-Cour; la porte Saint-Clair; les Cordeliers; les Jacobins; Saint-Jean; Saint-Dizier; Château de Pierre-en-Size; Notre-Dame de l'Isle; partie de la Charité; Château de Semur en Bourgogne; suite de douze jolies pièces. Faucheux, pages **244** et **245**. Superbes épreuves du premier état.

Les pièces sont imprimées à deux sur la même feuille. Elles sont *excessivement rares* dans cet état.

341 — La ville de Moret, près Fontainebleau. — Château de Moulins en Bourbonnais, **260**, **261**. **2** pièces. Très-belles épreuves.

342 — Vue de la porte de Mars à Rheims. **280**. Très-belle épreuve.

343 — Vue de Saint-Germain. **292-14**. Jolie pièce, très-belle épreuve du premier état. *Rare*. (Il y a quatre états différents.

344 -- Vue de l'église Notre-Dame de Tonnerre et d'une partie de la ville; — de l'église Notre-Dame de Tonnerre. **306**. **2** pièces.

345 — Partie de la ville de Mascon, **235**. — Château de Valéry, **310**. **2** pièces.

346 — Partie des ville et château d'Avignon, premier état; tour de Villeneuve et pont d'Avignon; château et ville d'Avignon. **3** pièces. Très-belles épreuves.

347 **Silvestre** (Louis), **1704**. Vue et perspective de l'hôtel de Madame la princesse de Conti, du côté du jardin. In-fol. en largeur.

348 **Zeeman.** La Porte Saint-Bernard à Paris, vers **1650**. *Rare*. Superbe épreuve

349 — Faubourg Saint Marceau à Paris. Très-belle épreuve.

350 — Chaillot, près Paris. Très-belle épreuve.

351 — Conflans, près Charenton. Très-belle épreuve.

352 — Vue du Mail sur la rivière de Seine, à Paris. Très-belle épreuve.

Ces belles eaux-fortes de Zeeman, très-intéressantes au point de vue de l'art, offrent en même temps un intérêt de curiosité. Elles nous représentent les aspects de l'ancien Paris entièrement disparus. Ces champs de blés du Faubourg Saint-Marceau, ces hauteurs de Chaillot couvertes d'arbres, ces bords de la Seine égayés par de beaux ombrages, sont occupés aujourd'hui par des quartiers populeux. Il ne reste plus trace du Paris pittoresque de 1650.

PIÈCES HISTORIQUES, MŒURS, CARICATURES

353 Le Débat de la culotte. Des femmes se disputent ce vêtement avec un acharnement très-vif. Pièce de mœurs du commencement du XVIIe siècle. Au bas, à gauche, quatre vers français ; et à droite, quatre vers hollandais. *M. de Vos invent. jo. galle excudit. Rare.*

354 — Les Ménages à la diable. Composition dans laquelle on voit à gauche un mari renversé sur le dos sermonné par sa femme qui tient un bâton sous le bras ; à droite, une femme renversée, et le mari debout, tenant à la main un pot qu'il s'apprête à lui lancer à la tête ; au milieu, des enfants se prenant aux cheveux. (*Pièce de mœurs du 17e siècle*). *Huart excudit.* In-fol. en largeur. *Rare.*

355 Intérieur d'appartement du temps de Louis XIV, avec 6 personnages en pied par Bonnart. Belle pièce à costumes. Le texte du bas est coupé.

356 Histoire d'un jeune boulanger et d'une meunière, lequel a mieux aimé donner cent écus et prendre son enfant que de l'épouser; et s'étant marié à une autre fille, a eu trois enfants le lendemain de ses noces. Quatre scènes sur la même feuille; pièce facétieuse de la fin du XVIIe siècle, très-curieuse comme tableau de mœurs et costumes. In-fol. en hauteur. *Très-rare.*

357 Gare les mouches. Marchand de rubans, de lacets, de fil et cordons de souliers. Vue d'un quartier de Paris dans le fond. Pièce du temps de Louis XIV.

358 Le Grand Thomas en son académie d'opérations. Il siége à gauche, dans un fauteuil, sur le Pont-Neuf. Un de ses élèves arrache une dent à un patient; un autre, à gauche, examine la bouche d'une femme. Pièce sur un charlatan du temps de Louis XIV. *Br. sculp.* In-fol. en largeur.

359 Bal du May donné à Versailles, pendant le carnaval de l'année 1763. Gravé par Martinet, d'après Slodtz. In-fol. en largeur. Belle pièce à costumes. Collée en plein.

360 Figures de danse à deux figures, cavalier et sa dame. Costumes de l'époque Louis XV. Jolie suite de 12 pièces imprimées à l'encre rouge.

361 Filles de joie promenées sur des ânes; pièce de mœurs du temps de Louis XV.

362 1778. Fille de joie tondue d'après une ordonnance de l'époque, rencontrant le perruquier et lui sautant aux cheveux. Pièce en hauteur à l'eau-forte. *A Paris, chez Naudet.* Au bas quatre vers :

> *Gueux de merlan, oh! je te tiens!*
> *Je veux t'arracher la crinière*, etc.

363 Le Cabaret de Ramponneau, avec le portrait du personnage au bas. Très-belle épreuve.

364 Repas de nos philosophes. On voit au milieu une table entourée d'un grand nombre de convives parmi lesquels on remarque une seule femme. Au-dessous du titre on lit : *Le superflu des sots est notre patrimoine.* Pièce anonyme in-4° en hauteur, de la fin siècle dernier.

365 Une scène du quatrième acte du Mariage de Figaro. Chez Leblanc fils, à Saint-Étienne.

366 Les trente-deux filles dans l'allée des Soupirs. (Galeries du Palais-Royal sous Louis XVI). Il existe dans cette pièce une variété fort curieuse de coiffures de femmes.

367 Philippiques. Le duc d'Orléans (Philippe-Égalité), à la tête de sans-culottes déguenillés, les conduit à l'attaque de la Bastille, en bistre in-4. Pièce fort curieuse du temps.

368 — Les Dames de la Halle partant pour aller chercher le roi à Versailles (5 octobre 1789), par Duplessis-Bertaux. Superbe épreuve avant toute lettre et avant le ciel. *Rare en cet état.*

369 Fête du commencement de la Révolution, à l'eau-forte, par un anonyme. On lit sur un faisceau de piques : *La nation, la loi, le roi ;* et au-dessous :

Les droits de l'homme subjuguent l'univers. Rare.

370 Les formes acerbes. Très-belle épreuve.

371 Scène révolutionnaire. Intérieur d'une ville où paraît s'agiter une insurrection au milieu de laquelle se trouvent des moines. On voit vers le milieu une église, et à la gauche, un hôtel-de-ville et un corps-de-garde. Superbe épreuve avant toute lettre.

372 Serment fédératif du 14 Juillet 1790.— Transparent exécuté le 18 juillet, l'an deuxième de la liberté, à l'occasion du bal donné sur les ruines de la Bastille aux frères fédérés des 83 départements. Au bas, portraits de Louis XVI, Bailly et Lafayette. 2 pièces par le patriote Palloy.

373 Tombeau sous lequel ont été placés les cadavres trouvés dans les démolitions de la Bastille, exécuté dans le cimetière Saint-Paul (1790). Projet de Pyramide à élever à Nancy pour les volontaires du département de la Meurthe, par le patriote Palloy. 2 pièces.

374 Caricature contre Barnave. Il est représenté debout avec deux têtes ; à droite, l'homme du peuple, 1789 ; à gauche, l'homme de la cour, 1791, Au bas, trois vers :

Belle pièce à la manière du lavis.

375 1791. Pièce allégorique sur la mort de Mirabeau ; on voit à droite, la France soutenant Mirabeau mourant, et derrière, la Mort armée de sa faulx, et tenant un sablier. Pièce gravée par Delaunay jeune, d'après Borel. Très-belle épreuve.

376 Tombeaux de d'Assas, Chevert, Desilles et Mirabeau, avec le portrait de chacun de ces personnages, par le patriote Palloy. 4 pièces.

377 Exécution populaire à Strasbourg, le 25 juin 1791. Klinglin, Heyman et Bouillé, protecteurs de la fuite du roi, conduits par la ville et brûlés en effigie sur la place d'armes, petit in-folio en largeur, à l'eau-forte. *Rare.*

378 Le nouvel astre français, ou la cocarde tricolore suivant le cours du zodiaque, Le Temps met un éteignoir sur les lumières qui brillent au-dessus du buste des rois. Le piédestal sur lequel était le buste de Louis XVI est renversé ; on lit au-dessus : Louis XVI, le traître et le dernier. Un cierge au-dessus du buste de Pie VI est brisé par la moitié. In-folio en largeur à la manière du lavis. *Très-rare.* X

379. 20 janvier 1793, assassinat de Michel Lepelletier, chez Février, restaurateur au jardin de l'Égalité. Il est représenté assis à une table, à gauche, dans le salon, au moment où il est frappé par Pâris, son meurtrier. Dans le fond, à droite, on voit une dame de comptoir et quatre personnages. Pièce in-folio en largeur, imprimée en couleur. *Rare.*

380 Les noyades de Nantes, par Duplessis-Bertaux. Très-belle épreuve d'eau-forte pure.

381 La nuit du 9 au 10 thermidor an II. Arrestation de Robespierre, de Couthon, Saint-Just, etc. Le gendarme Méda, arrivant de la gauche, tire un coup de pistolet sur Robespierre, gravé par Tassaert, d'après Harriet. Grand in-folio en largeur. Pièce d'un grand intérêt historique.

382 Le culte naturel. Cérémonie des théophilantrophes dans l'église Notre-Dame. Pièce fort curieuse exécutée à l'eau-forte, par Mallet. Très-belle épr.

383 Fête à la vieillesse, par Duplessis-Bertaux, d'après Will fils, 1794. Épreuve avant la lettre.

384 Assassinat des Français à Vérone, le 28 germinal an V. Duplessis-Bertaux, sculp, terminé par C.-L. Lingée. Très-belle épreuve.

385 La Constitution lue au peuple français. Les cinq membres du Directoire sont réunis, et l'un d'eux lit la Constitution devant le peuple. Au-dessus d'eux plane une espèce d'ange des Ténèbres soufflant dans une corne, d'où s'échappe une épaisse fumée. Il tient d'une main une marotte. *A Paris, chez Depeuille.* Belle pièce intéressante comme sujet historique et costumes.

86 30 floréal an V. Tirage au sort pour la sortie de l'un des membres du Directoire. Les quatre qui restent expriment leur joie en dansant. Letourneur, qui a été désigné par le sort, s'en va tristement. Pièce in-folio en largeur. *A Paris, chez Depeuille. Rare.*

387 18 fructidor an v. Arrestation par ordre du Directoire du général Verdière, de Groler, vétéran, de Willot, Bourdon de l'Oise, Rovère, Jourdan (des Bouches-du-Rhône), Pichegru et Boissy-d'Anglas. Les gardes du Directoire viennent de la gauche. A l'eau-forte avec mélange de lavis. Belle pièce in-folio en largeur. *Très-rare. Cette pièce manquait à la collection Laterrade.*

388 Foyer du théâtre Montansier, an VII. C'était le rendez-vous des femmes les plus renommées par la beauté et le luxe de la toilette, des agioteurs, des jeunes et riches oisifs. C'était aussi le centre des nouvelles. Jolie petite pièce in-4° en largeur, gravée par Bovinet, d'après Binet. *Rare.*

389 Séance du corps législatif à l'orangerie de Saint-Cloud, le 19 brumaire an VIII (10 novembre 1799). On voit à la droite, trois membres s'élançant, un poignard à la main, vers le général Bonaparte, au-devant duquel se jettent des grenadiers. Belle pièce in-folio en largeur à la manière du lavis. *A Paris, chez Descourtis. Rare.*

390 Séance du conseil des Cinq-Cents tenue à Saint-Cloud, le 19 brumaire an VIII. On voit au milieu le général Bonaparte entouré de grenadiers. A gauche, d'autres grenadiers s'élançent, la baïonnette en avant, et des membres du Conseil se précipitent par une fenêtre. A la manière du lavis. *A Paris, chez Morret. Rare.*

Ces deux pièces manquaient à la collection Laterrade.

391 **Caricatures.** La Bouillotte parisienne.—Groupes de promeneurs en costumes d'incroyables; l'un d'eux marche sur la robe traînante d'une dame. — Quel est le plus ridicule? Costumes de 1789, 1796 et 1801. 3 pièces.

392 — Curiosité parisienne, des badauds arrêtés devant un chien mort. — La revanche anglaise, ou le Pâtissier du Palais-Royal. 2 pièces.

393 — Le Magnétiseur; — Premières années d'un Marchand ; — le Boutiquier enrichi ;— Une soirée grammaticale. 3 pièces.

394 La Mère Gigogne. Heureuse G..... dont la fertilité enfante tous les mois pour le moins un volume. Caricature contre Mme de Genlis.

375 Provinciaux visitant les curiosités de Paris ; départ des habitués de la promenade du Luxembourg pour Longchamp ; les Invisibles en tête à tête, etc. 9 pièces.

396 — Les Musards de la rue du Coq ; Martinet, libraires. 124. On voit la foule arrêtée à l'étalage et regardant les caricatures. — La leçon de danse, la gavotte. 3 pièces.

397 — Le sérail en boutique *Rare.*

398 — Promenade du Pont ponpon (Pont des Arts). Société amusante de la terrasse du jardin du Luxembourg, — le Coup de vent ou le désagrément des étoffes légères. 3 jolies pièces coloriées.

399 — Le Baiser perfide ; modes et nouveautés ; patineurs ; jeu de volant, etc., avec costumes fort curieux. 6 pièces.

Toutes ces caricatures sont coloriées.

PORTRAITS

400 **Anonyme.** 1576. Bernard de Girard Sr du Haillan, historiographe de France, gravé sur bois. Petit in-folio.

401 — Fin du XVIe siècle. Élisabeth, reine d'Angleterre, in-4o. *Rare.*

402 — Anne d'Autriche, en costume de veuve. Petit in-folio, très-belle épreuve.

403 — Anne d'Autriche, joli portrait in-4o. Très-belle épreuve.

404 — Louis XV, jeune. Médaillon ovale. Joli portrait in-8o avant la lettre.

405 — J.-C.-G. Le prévôt de Beaumont, secrétaire du ci-devant clergé de France, captif pendant vingt-deux ans et deux mois, pour avoir dénoncé un pacte de famine concerté entre les ministres Laverdy, Sartine, Boutin, Amelot, Lenoir, Vergennes, etc., rendu à la liberté le 5 octobre 1789. Il est représenté enchaîné dans un cachot du donjon de Vincennes. In-8o. *Rare.*

406 — Hutchinson, Wilson et Bruce, qui ont contribué à l'évasion de M. de Lavalette, in-4o.

407 **Anselin.** Mme de Pompadour en jardinière, d'après Vanloo. Charmant portrait, très-belle épreuve avec marges. *Rare.*

408 **Audran** (B.). Louis de Thomas de La Vallette, inspecteur-général de la Congrégation de l'Oratoire, d'après Bonnet. Joli portrait petit in-4o.

409 **Audran** (Germain). Marie-Jeanne-Baptiste de Savoie, duchesse de Savoie, 'd'après de la Monce. Joli petit portrait in-8.

410 **Bartolozzi.** Vincent Lunardi, George Biggin et Mrs Sage, s'élevant dans un ballon, d'après Rigaud. Superbe épr. avant la lettre. *Rare en cet état.*

411 — Vandernoot, d'après de Glim. In-folio. Très-belle épreuve.

412 **Beauvarlet.** Poquelin de Molière, d'après S. Bourdon, in-folio. Très-belle épreuve.

413 **Bervic.** Senhac de Meilhan, d'après Duplessis, in-folio. Superbe épreuve avant la lettre.

414 **Cardon** (Ant.). Mme Récamier, d'après R. Cosway, charmant portrait. Très-belle épreuve.

415 **Carrache** (Augustin). Portrait du Titien. B. 154. Très-belle épreuve. La marge du haut dans laquelle se trouve une inscription a été coupée.

416 **Cathelin.** Mme la marquise de Pompadour, d'après Nattier. Dans un médaillon ovale avec encadrement de chaque côté duquel retombe une guirlande de fleurs. Joli portrait in-4°.

417 — Mme de Graffigny, d'après Garand, charmant portrait. Petit in-4°.

418 **Chrétien** (Physionotrace). Joli portrait de femme en buste, époque du Directoire.

419 **C.-L.** Louis le Désiré (Louis XVIII), d'après nature, le 4 mai 1814. A l'eau-forte et colorié. In-4. *Rare.*

Suivant une note au crayon qui existe dans la marge du bas, ce serait le premier portrait déposé, de Louis XVIII, lors de sa rentrée à Paris.

420 **Cochin** (d'après). Claude-Léger Sorbet, Ant. de Parcieux, Lemesle, Copette, gravés par Moitte, Nicollet, Saint-Aubin et Watelet. 5 pièces.

421 **Dalen** (C.-V.) Festus Hommius, d'après Balyu. In-folio.

422 **Danckerts** (Henri). Portrait de Corneille, Staefvenisse d'après Limborch, in-folio. Très-belle épr.

423 **Daullé** (J.). François de la Peyronnie, premier chirurgien de Louis XV, d'après Hyacinthe Rigaud, grand in-folio en hauteur. Très-belle épreuve avant cette inscription dans le bas au-dessous du trait carré à gauche : *La tête a été peinte par Hyacinthe Rigaud, chevalier de Saint-Michel.*

424 — Le même Belle épreuve avec l'inscription cidessus rapportée.

425 **Delvaux** La marquise de Sévigné, d'après Nanteuil, joli portrait in-8. Très-belle épreuve.

426 **Demarcenay**. Le général Paoli. In-8. Superbe épreuve avant toute lettre.

427 **Divers.** Paschalis Ciconia, Doge de Venise, par Crispin de Pass; M. et L. Dilher, par Schurk; Marselar par Meyssens ; Christ. Khellner, par Lucas Kilian, etc. 9 Portraits.

428 — Henri IV, par Aug. Saint-Aubin; Marie de Médicis, par un anonyme ; Louis XIII, d'après Gravelot ; Louis XIV, par Landry ; Philippe d'Orléans, régent, par un anonyme. 5 pièces.

429 — Madame la Dauphine (sous Louis XIV), d'après *Jean de Saint-Jean* ; Mme la duchesse de Lauzun, *chez Trouvain* ; Marie-Anne-Josèphe de Neubourg, impératrice, chez *N. Bonnart*. 3 portraits en pied.

430 — Michel de Marolles, par Nanteuil; Alex. Varet, par Gontrel; Lopez, par Pitau; Lenain de Tillemont, par Habert; Delasalle, chanoine de Notre-Dame de Rheims, par Massard; Benoit Labre, par Garofalo; Cardinal Chigi, par Frosne; Sébastien Joseph du Cambout de Pontchasteau, par Picart, d'après Jouvenet; Jean-Victor Besenval, par Cl. Drevet, d'après Meissonnier; Madame Louise-Marie de France, religieuse des Carmélites de Saint-Denis; Bernard de Jussieu; avant toute lettre, etc. 107 portraits.

Ce nº sera divisé.

431 **Drevet** (P.) Louis-Auguste, duc du Maine, d'après de Troy. In-fol. Épreuve de la plus grande beauté.

432 — Louis-Alexandre de Bourbon, duc de Toulouse, d'après Rigaud. In-fol. en hauteur. Première et magnifique épreuve avec une ancre de chaque côté de l'écusson armorié, avant le changement dans la bordure, et dans les lettres formant les noms et qualités du personnage, etc.

Ce portrait, chef-d'œuvre de gravure, est *très-rare* à rencontrer dans une condition aussi parfaite.

433 Monseigneur de Tressan, archevêque de Rouen, en adoration devant la Vierge et l'Enfant Jésus. Cette pièce, connue sous le nom *de Petit Bréviaire*, est une de celles que l'artiste à gravées avec le plus de délicatesse. La tête de la Vierge est rendue avec une grande pureté; la figure de l'archevêque respire l'onction. C'est un petit chef-d'œuvre. Superbe épreuve.

434 — Louis Hector, duc de Villars, maréchal de France, d'après Rigaud. In-fol. Très-belle épreuve.

435 — Duchesse d'Orléans, princesse Palatine, d'après Rigaud. In-8. oblong. Petit chef-d'œuvre du graveur. Très-belle épr. avec marges.

436 — Cardinal Fleury, d'après Rigaud. In-fol. Épr. superbe.

437 — Philippe de Courcillon, marquis de Dangean, d'après Rigaud. In-fol. Belle épreuve.

438 — 1691. Jean-François-Paul de Bonne de Créquy, duc de Lesdiguières, d'après Rigaud. In-fol. Très-belle épreuve.

439 — Robert de Cotte, architecte, d'après Rigaud. In-fol. Belle épr.

440 **Duflos** (Cl.). Paule de Gondy, femme de François Emmanuel de Bonne de Créquy, duc de Lesdiguières, d'après Pezey. In-4. Très-belle épreuve.

441 **Edelinck** (G.) Louis, duc de Bourgogne, d'après de Troye. R.-D. 158. Très-belle épreuve provenant de la collection *Debois.*

442 — Evariste Gherardi, comédien italien connu sous le nom d'Arlequin, d'après Vivien. R.-D. 214. Très-belle épreuve du premier état. *Rare.*

443 — Jean de Lafontaine, d'après H. Rigaut, R.-D. 230. Très-belle épreuve de ce portrait, le meilleur qui existe de notre célèbre Fabuliste.

444 — Louis XIV, roi de France. R.-D. 248. Charmant petit portrait in-8. Très-belle épr. du premier état, avant toute lettre. *Très-rare.*

L'épiderme du papier a été enlevée derrière sur deux parties, mais sans aucune détérioration pour la pièce.

445 — Le même, belle épreuve du quatrième état, avec l'adresre d'Odieuvre. Avant la retouche.

446 — Montarsis, amateur des beaux arts, l'un des beaux portraits de l'artiste. R.-D. 277. Très-belle épreuve avec la date 1692 au bas de la droite, bien apparente.

447 **Fiquet** (Étienne). René Descartes, d'après F. Hals. In-8. Épreuve superbe.

448 — Charles Eisen, d'après Vispré. Charmant petit portrait, Belle épr.

449 — Lafontaine, d'après Rigaud. Charmant petit portrait, épreuve dite au ruisseau blanc.

450 — Duchesse de Fontanges, d'ap. M. G. Petit in-4.

451 — Gabrielle d'Estrées; Charles de Valois; Alexandre Farnèse. 3 pièces. Très-belles épr. *avant que l'adresse d'Odieuvre n'ait été effacée*, et avec entourage ornementé de Babel.

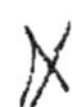

452 **Francois**. Louis-Auguste, Dauphin de France (devenu depuis Louis XVI). Il est coiffé d'un casque, et tourné vers la droite. In-fol. à la sanguine. *Rare*.

453 **Frosne** (J.) 1648. Pierre de Broussel, conseiller du roi au parlement de Paris. In-fol. *Rare*. Très-belle épreuve.

C'est le meilleur portrait de ce personnage.

454 **Gaucher** (Ch.). Le comtesse Dubarri dans un médaillon ovale entouré d'une guirlande de roses. On voit au-dessous un carquois rempli de flèches. D'après F. Dronais. in-8. avant la lettre. *Excessivement rare en cet état*.

Ce petit portrait, exécuté avec une grande finesse, est charmant, et peut être considéré comme le chef-d'œuvre de Ch. Gaucher.

455 **Gautier-Dagoty**, fils aîné. Louis XV, roi de France; Fréderic II, roi de Prusse, 2 portraits imprimés en couleur. Petit in-fol. en hauteur.

456 — (Manière des). Marie-Antoinette. Elle est représentée à mi-corps, tournée vers la droite, la main gauche appuyée sur la couronne royale. Elle porte une coiffure surmonté de plumes, et de longues boucles de cheveux retombent sur ses épaules. Elle est vêtue du manteau royal. Hauteur, 392 millim, y compris une marge blanche de 36 millim. dans le bas, largeur, 285 millim.

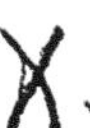

L'exécution de ce portrait mérite d'être remarquée. L'artiste a cherché l'imitation de la peinture, et nous ne connaissons aucune pièce du temps qui soit aussi bien réussie dans ce genre. Cette pièce est des plus intéressantes, non seulement comme procédé de gravure et d'impression en couleur, mais encore comme portrait. C'est peut être le plus beau qui existe de Marie-Antoinette.

Il est de la plus grande rareté. C'est la seule épreuve que nous ayions vue jusqu'à présent.

457 **Gaultier** (Léonard). Anne D'este, veuve de François, duc de Guise, femme de Jacques de Savoye, duc de Nemours. In-8. Très-belle épreuve. *Rare.*

La duchesse de Nemours est célèbre par le rôle qu'elle a joué au temps de la Ligue.

458 — Nicolas Brulart de Sillery, chancelier de France. In-8. Très-belle épr.

459 — Louis du Chaine, conseiller du roi Henri IV. In-4. Très-belle épreuve.

460 **Gilibert**. Jean Guy Basset, avocat consistorial au parlement de Grenoble. In-4.

461 **Heina**. Mancini de Nivernais, d'après Pedrelli. 1795. Joli portrait in-8.

462 **Houe** (Frédéric Van). Claude de Grieck, d'après P. Meert. In-4. Très-belle épr.

463 **Hulle** (Anselme Van). Portraits de Plénipotentiaires, pour le traité de paix universelle, gravés par Borrekens, C. Galle, P. de Jode, Pontius, etc. 57 pièces. Épreuves avant les numéros. — *Ce no pourra être divisé.*

464 **Jazet**. Louis David, peintre, d'après Odevaer. Grand portrait en pied.

465 **Jogan**. Mre Jean Quentin IIe, baron de Champlost, d'après C. Vanloo. In-fol. Belle épreuve.

466 **Keldermans** (Francis). Frédéric de Marselar dans un médaillon ovale; à gauche la figure de Mercure; à droite celle de Minerve. In-fol. Belle épr.

467 **Landry** (P.). 1665. Carolus de Rosmadec, episcopus Venetensis. In-fol. Belle épreuve.

468 **Landry** (Chez). Marguerite de Gondy, marquise de Magnelais. In-8.

469 **Larmessin** (de). Louis, dauphin de France, d'après Tocqué. La tête d'après Latour. Beau portrait en pied. In-fol. Très belle épreuve.

470 — Nicolas Bion, ingénieur du roi, mort à Paris en 1734. In-4. Belle épreuve.

471 **Lasne** (Michel). Marie de Médicis, petit médaillon ovale avec palme de chaque côté. Au-dessus, sonnet acrostiche figurant le chiffre de la reine. *Très-rare.*

472 — Charles Bernard, parisien, historiographe de France. In-fol.

473 **Lebeau.** Paul, grand duc de Russie, d'après Voille. Joli portrait in-4.

474 **Leblond.** *A la glorio de l'incoumparablé Berdurét.* Portrait d'un grand buveur fort renommé à Toulouse, d'après Roques. In-4. *Rare.*

475 **Legoux** (L.). Miss C. D....r, d'après Élouis. Charmant petit portrait de femme, médaillon ovale. In-8. A la sanguine.

476 **Leroux.** 1824. Lafayette en pied, d'après A. Scheffer. Très-belle épr. Lettre grise.

477 **Levachez.** Cambacérès, second consul de la république française, d'après Devouge. Au-dessous, tablette où est représentée la scène de la présentation au Premier Consul, de l'acte constitutif qui fixe le Consulat à vie. Belle pièce imprimée en couleur.

478 **Levachez** fils. Joséphine Tascher de la Pagerie, impératrice. Grand in 4.

479 **Lingée** (Mme). La marquise de Villette, surnommée *belle et bonne* par Voltaire, d'après Pujos. Joli portrait in-4.

480 **Masson** (Antoine). Bernard de Vernage, chanoine de Saint-Quentin. R. D. 68. Joli petit portrait. Belle épreuve.

481 **Matham** (Théodore). Gillis Valckenier, bourgmestre d'Amsterdam, d'après W. Vaillant. In-fol. Belle épr.

482 **Mellan** (Cl.). Cardinal de Retz. In-fol. Très-belle épr.

483 — Cardinal Mazarin. Beau portrait in-fol. Très-belle épr.

484 — Henriette-Marie de Buade-Frontenac. In-fol. Très-belle épr.

485 — Le père Joseph de Paris, capucin, fondateur des Religieux du Calvaire. Simon Dissy. — In-8. — Charles Faure, abbé de Sainte-Geneviève. In-4. 3 pièces.

486 — Delongueil, marquis de Maisons. In-fol. Très-belle épr.

487 **Michel** (J.-B.). Angélique Drouin, femme Preville, de la Comédie-Française. Joli portrait in-fol. D'après Colson.

488 **Momal**. L'an 7. Général Bonaparte. Joli portrait in-4., avant la lettre *Rare*.

489 **Montcornet** (B.). Anne de Bourbon, femme d'Henri d'Orléans, duc de Longueville. In-4. *Rare*.

490 — Charles II, roi d'Angleterre; Maximilien de Bourgogne, abbé de Saint-Vaast d'Arras; Mancini, neveu de Mazarin, tué au combat du Faubourg Saint-Antoine, le 4 juillet 1652. 3 pièces.

X 491 **Moreau** jeune, 1770. Louis-Auguste, Dauphin de France (devenu roi depuis, sous le nom de Louis XVI), d'après Hall. Charmant portrait in-4. *Rare*. Très-belle épreuve.

X 492 — (D'après). Marie-Antoinette, reine de France, dans un petit médaillon ovale orné de fleurs par les grâces, jolie pièce gravée par Lemire, Superbe épr. avant l'adresse au-dessous de la tablette.

X 493 — 1783. Buste de Marie-Antoinette sur un piédestal. Jolie pièce in-8., gravée par Leveau. Très-belle épreuve

494 **Morghen** (Raphaël). Charles IV, roi d'Espagne, et Aloysa sa femme, d'apr. Tofanelli. In-4. en larg.

495 **Morin** (Jean) Corneille Jansenius, évêque d'Ypres. R. D. 61. Très-belle épr. du premier état.

496 **Morret**. Marie-Louise, impératrice des Français, d'après Vexberg. In-4. Joli portrait en couleur.

497 **Muller** (Jean). Adrien Marius, chancelier du duc de Gueldres, mort en 1568. Charmant petit portrait. Très-belle épreuve portant au dos la signature de *P. Mariette* 1668.

498 **Nanteuil**. Victor Le Bouthillier, archevêque de Tours. R. D. 54. Deuxième état *non décrit*. La date 1651 a été effacée.

Une épreuve semblable a été indiquée par erreur dans le catalogue Arch... de Milan, comme un premier état *non décrit, avant la date 1651*. C'est sans aucun doute cette indication d'un état supérieur inconnu qui a fait atteindre le prix de 150 fr. à cette épreuve, qui n'était qu'un deuxième état, comme nous l'établissons plus haut.

499 — Charles Faure, abbé et premier supérieur général de Sainte-Geneviève. R. D. 94. Premier état *non décrit*, avant les traits horizontaux dans la tablette, et avant les petits points sur les raies transversales du fond.

500 — Le même. Deuxième état avec les travaux dans la tablette et dans le fond.

501 — Gilles Ménage. R. D. 188, premier état. Très-belle épreuve.

502 — Ferdinand de Neufville, évêque de Chartres. R. D. 203. Très-belle épreuve du deuxième état avec l'année 1657 convertie en 1658 dans le troisième état.

503 — Pierre Seguier de Saint-Brisson, prévôt de Paris. R. D. 224. Belle épreuve.

504 **Nilson**. Marie-Antoinette dauphine de France, d'après Miltiz, dans un médaillon rond ornementé. Joli portrait in-4°.

505 **Paroy** (Comte de). Mme Lebrun, d'après elle-même. Médaillon ovale, in-8. *Rare.*

506 **Pass** (Crispin de). Mauritius Dei gratiæ, Hassiæ Landgravius. Très-belle épreuve.

507 **Petit**. Marie-Thérèse, reine de Hongrie, d'après Martin de Meytens. In-fol. Très-belle épreuve d'un charmant portrait.

508 — Philippe d'Orléans, régent de France, d'après Santerre; Christine de Suède, d'après Bourdon. 2 pièces avec entourage ornementé de Babel, et avec l'adresse d'Odieuvre.

509 **Picart** (Etienne). François Tallemant, abbé de Val-Chrétien, premier aumônier de S. A. R. Madame, d'après Nanteuil. In-fol. Très-belle épreuve.

510 **Picart** (J.). Henri II de Lorraine, duc de Guise, archevêque de Rheims. Il est représenté debout dans l'intérieur d'une cathédrale, au milieu du bas de la pièce. Un ange à gauche lui présente la croix ; un autre à droite lui remet la crosse. In-fol. en travers. Très-belle épreuve portant au dos la signature de *P. Mariette*, 1660. *Rare.*

511 — Jacques d'Auzoles, seigneur de la Peyre. In-4. Très-belle épreuve.

512 **Pitau** (N.). Benjamin Priolo, historien, d'après Cl. Lefèvre. In-4.

513 **Poilly** (F.). Pierre Lemoyne, de la Société de Jésus, d'après Ph. de Champagne. In-fol. Très-belle épreuve.

514 **Poilly** (Nic.) Mademoiselle de Montpensier, coiffé d'un casque. In fol.

515 **Pollet.** Le prince Anatole Demidoff, d'après Raffet. Superbe épreuve avant la lettre sur papier de Chine. — Cette planche n'a pas été mise dans le commerce.

516 **Pouget.** Comtesse de Bury. Joli portrait à l'eau-forte. In-4.

517 **Pujol** (d'après). M. N. Leguay d'Oliva, à qui on fit jouer le rôle de Marie-Antoinette dans l'affaire du Collier, qui donna lieu à un procès célèbre. In-4. Gravé par Legrand.

518 **Ravenet.** Nicolas Boileau, d'après Rigaud. In-4.

519 **Regnesson** (N.), 1661. Mademoiselle, duchesse de Montpensier. Beau portrait dans un ovale sur champ fleurdelisé. In-fol. *Rare.* Belle épreuve.

520 **Ruotte.** Elisabeth Vernon, comtesse d'Harcourt, d'après Angelica Kauffmann. Charmant portrait in-4, imprimé en bistre.

521 **Ruotte** (manière de). Sophie Arnould, médaillon ovale au pointillé. In-4. Épreuve avant toute lettre. *Très-rare.*

522 **Savart** (P.). Nicolas Boileau Despréaux, d'après Rigaud. Très-belle épreuve avec l'adresse écrite : Barrière *fond-Taraby. Très-rare*, en cet état.

523 **Schmidt** (G.-F.). Antoine Pesne, peintre, d'apr. lui-même. In-fol. Très-belle épreuve.

524 — Louis de La Tour d'Auvergne, comte d'Évreux, d'après Rigaud. Beau portrait in-fol. Très-belle épreuve.

525 — Réné-François de Beauvau, évêque de Bayonne, puis de Narbonne, d'après Cochin. Petit in-4 en largeur. Joli portrait. Très-belle épreuve.

526 **Schuppen** (P. van). Messire Louis de Pontis, d'après Ph. de Champagne. Joli petit portrait. Belle épreuve.

527 — 1684. Louis dauphin, fils de Louis XIV, d'apr. F. de Troy. In-fol. Belle épreuve.

528 — Vandermeulen, peintre, d'après Largillière. In-fol. Très-belle épreuve avec l'adresse du grav.

529 **Sergent** (par et d'après). Le grand Condé, Catinat, duc de Villars, Duguay-Trouin, Marguerite d'Anjou; Anne de Dreux, duchesse de Bretagne; Maurice de Saxe, Voldemar de Lowendal. 8 portraits en couleur.

530 **Strange.** Charles Ier, roi de la Grande-Bretagne, représenté en pied et revêtu du manteau royal. État très-avancé de la planche avant toute lettre. *Très-rare en cet état.*

L'écusson armorié, à gauche du personnage, a été coupé pendant la Révolution.

531 **Suyderhoef.** P. Winsemius. Très-belle épreuve.

532 **Tavernier** (M.). F. de Loberau de Montigny, employé par Henri IV dans plusieurs ambassades; fut ministre de la religion réformée à Paris. In-4. Signé au dos: *P. Mariette.* 1652.

533 **Thomassin** (S.). Le chancelier Boucherat, grand in-4°. *Non cité par le père Lelong.*

534 **Trouvain**. Marie-Jeanne-Baptiste de Savoie, duchesse de Savoie, charmant portrait in-8°. Très-belle épreuve.

535 — Robert de Cotte, architecte, d'après Tortebat, in-fol. Première et très-belle épreuve; *avant Gaillard exc.*, au bas à droite.

536 **Trouvain** (à Paris, chez). Louis le-Grand, roi de France. Il est représenté en pied dans un riche costume; il tient d'une main son chapeau, et de l'autre des gants. Grand in-folio, *très-rare*. Épreuve superbe.

537 **Vangelisti**. Charles Gravier, comte de Vergennes, d'après Callet, in-fol. Très belle épreuve.

538 **Velde** (J. Van de). Vandenvelde, célèbre calligraphe; charmant portrait in-4. Très-belle épreuve.

539 **Vérité**. La princesse de Lamballe, d'après Mme Lebrun, in-8. Très-belle épreuve.

540 **Vico** (E.). Louis Arioste, d'après la médaille de Doni. Joli portrait, médaillon ovale dans un cartouche ornementé. In-4.

541 **Vidal**. Louis XVI et Marie-Antoinette. 2 charmants petits portraits. Très-belles épreuves. X

542 **Worstermann** (Lucas). Charles, connétable de Bourbon, d'après Titien. Belle épreuve d'un portrait rare.

543 — Maximilien, archiduc d'Autriche, d'après Rubens, in-4. Très-belle épreuve.

544 **Wierix** (Antoine). Philippe-Emmanuel duc de Mercœur, joli petit portrait Très-belle épreuve.

545 **Will**, prince de Galles, d'après Toqué, in 4 . Très-belle épreuve.

546 — Jean-Martin Preisler, graveur, joli portrait in-4°. Très-belle épreuve.

DESSINS

547 **Chardin** (manière de). Jeune femme vue de dos, accrochant un tableau. Joli dessin à la sanguine.

548 **Dubucourt** (manière de). Ce qui est bon à prendre n'est pas toujours bon à garder; caricature sur un gourmand. Dessin lavé à l'encre de Chine. (Fin Louis XVI).

549 **Desrais**. Jeune femme debout, vue de profil, et tenant un éventail à la main. Joli dessin colorié à plusieurs tons.

550 — Deux bustes de jeunes femmes sur la même feuille, chacun dans un encadrement, costume Louis XVI. Joli dessin à la sépia.

551 — Jeune femme debout, en costume de la même époque. Elle tient une canne à la main. Dessin à la sépia.

552 — Jeune femme bebout, en costume Louis XVI, accoudée sur un meuble, et tenant un livre. Joli dessin à la sépia.

553 — Jeune femme debout, en costume Louis XVI. Elle tient un masque à la main. Joli dessin à la sépia.

554 — Jeune femme debout, en costume Louis XVI. Elle fait un geste du doigt. Charmant dessin au crayon. Il porte la date du 30 mars 1789. Il est entouré d'un texte manuscrit explicatif.

Ces dessins sont la représentation très-curieuse des modes du temps.

555 **Divers**. Une page de manuscrit, Livre d'Heures, avec miniature et entourage ornementé d'une grande richesse.

556 — Un fauteuil; décorations intérieures, époque Louis XVI. 3 dessins.

557 — Louis XV vu à mi-corps. Beau dessin à plusieurs crayons.

558 — École Francaise XVIIIe siècle. Les Nouvellistes du quai des Augustins. Groupes de têtes hommes et femmes, se livrant à une conversation animée. Joli dessin à la sanguine.

559 — Esquisse lavée à l'encre de Chine, qui nous semble représenter le jardin du Palais-Royal. (Costumes de la fin de Louis XVI). In-4° en larg.

560 — Buste de jeune femme en costume Louis XVI. Joli dessin.

561 — 1823. Le chevalier de l'Éteignoir: un ultra à cheval, portant une lance surmontée d'un éteignoir, et prenant la route d'Espagne. Caricature du temps de l'expédition en Espagne, en 1823. Dessin lavé et colorié. Au bas, chanson manuscrite en quatre couplets.

562 **Gravelot**. Danseur et danseuse dans un ballet, avec fond de paysage. Charmante gouache encadrée.

563 **Guerchin** (Le). Deux beaux paysages. Dessins à la plume.

564 **Lantara**. Paysage. Vers la droite, un grand arbre; rivière coulant vers la droite; et au delà, dans le fond, une chaîne de montagnes. Beau dessin au crayon, signé à gauche.

565 **Lawreince** (manière de). Jeune femme en élégant costume de l'époque de Louis XVI. Elle tient un pied appuyé sur un fauteuil, et relève sa robe pour mettre sa jarretière. Charmant dessin, lavé et colorié à plusieurs tons.

566 **Moreau** jeune. Jupiter et Léda. Joli dessin au crayon.

567 **Moreau** jeune (manière de). Costume de femme du temps de Louis XV. Charmant dessin au crayon.

568 **Mortier**. 1785. Jeune fille en buste. Joli dessin à plusieurs crayons, de forme ronde.

569 **Pérignon** (N.). Paysages avec maisons et chaumières. 2 jolis petits dessins lavés à plusieurs tons.

570 **Ranson** (manière de). Encadrement, ornementé de fleurs et de fruits. Joli dessin colorié à plusieurs tons.

571 Sous ce numéro, il sera vendu par lots, un grand nombre d'Estampes et de Dessins non catalogués.

Renou et Maulde, Imprimeurs de la Compagnie des Commissaires-Priseurs, rue de Rivoli, 144. 17083

www.ingramcontent.com/pod-product-compliance
Ingram Content Group UK Ltd.
Pitfield, Milton Keynes, MK11 3LW, UK
UKHW021313190726
13839UKWH00007B/1214

9 782329 536323